Ouija

Tore zu anderen Welten durch Rituale und Séancen

von
Nerthus von Norderney

Weitere Bücher von Nerthus von Norderney:

Nerthus Buch der Schatten - Die Alte und Neue Magie der Hexen - Ein Leben mit der Göttin, Bohmeier Verlag, ISBN 978-3-89094-374-9

Nordische Magie - Magisches Arbeiten mit Freyja, Seidr, Yggdrasil und den Runen, Bohmeier Verlag, ISBN 978-3-89094-474-6

Puppenmagie & Figurenzauber - Weitere geheime Zauber aus meinem Buch der Schatten, Sympathie-Magie für alle Lebenslagen, Bohmeier Verlag, ISBN 978-3-89094-473-9

Kurzbiografie der Autorin: Ich lebe, tanze und rufe die Geister unter dem Vollmond des Ruhrgebietes. Seit vielen Jahren entdecke und wiederbelebe ich das Alte Wissen in Europa.

Gesamtherstellung: Bohmeier Verlag, Printed in Germany

ISBN 978-3-89094-545-3

Inhaltsangabe

In Liebe für

Tessa, Arno, Nancy, Mohrchen, Shiva, Hughie
und Kürbis

Vorwort zur neuen Ausgabe

Nach dem Erscheinen der ersten Ausgabe haben sich viele Menschen mit ihren Erlebnissen und Fragen an mich gewendet.
Das ist ein gutes Zeichen, das ich zum Anlass genommen habe, meine Texte gründlich zu überarbeiten.
In den letzten Jahren habe ich selbst sehr viel experimentiert und mich von anderen Religionen inspirieren lassen. Mein Interesse an Geistergeschichten und Jenseitsvorstellungen anderer Völker war schon immer sehr groß gewesen.
In diesem Buch findest du viele neue Ideen, die ich seit dem Erscheinen des ersten Buches über dieses Thema gemacht habe.
Natürlich habe ich auch Anregungen meiner Leserinnen und Leser berücksichtigt. Zum Beispiel wurde ich häufig nach dem Wesen der Geister gefragt, nach weiteren Anrufungen und nach dem schreibenden Tischchen.

Mein größtes Anliegen ist es, den Menschen die Angst vor Geistern und dem Ouija Brett im Besonderen zu nehmen.
Zu viele Gerüchte, medienwirksame Geschichten und schlichte Ablehnung führen zu Vorurteilen – und das seltsamerweise vornehmlich in esoterischen Kreisen.
Wer sich nicht darum bemüht, etwas näher kennen zu lernen, kann auch kein Urteil fällen.
Und dies nun ganz zu Anfang: ein Stück Holz mit ein paar Buchstaben darauf ist zwar ein magischer Gegenstand, aber dennoch nicht gefährlich. Ein Ouija Brett kann nur so viel Macht haben, wie du ihm gibst.
Das Gleiche gilt für die Geister, die du rufst. Solange du in deiner Wirklichkeit bleibst, kann dir niemand etwas tun.

Das vorliegende Buch soll also nicht nur praktische Tipps vermitteln, sondern auch Aufklärung leisten über ein Stück Holz mit unserem Alphabet und ein paar Zahlen darauf.

Ich wünsche dir viel Spaß beim Lesen und Experimentieren.

Mögen deine Geister mit dir sein
Nerthus von Norderney

Vorwort zur 1. Ausgabe

Als ich neulich mit meinem Göttergatten Ralf den Film "Witchboard III" gesehen hatte, war es um uns geschehen. Nein, nicht wegen des Filmes, sondern wegen des "Witchboards".
Also machten wir uns auf die Suche in unseren Lexika und später im Internet. Obwohl dieses Witchboard vom Ursprung her eine europäische Erfindung sein soll, wurden wir nur im englischsprachigen Raum fündig. Später stellten wir fest, dass es eine rein amerikanische Angelegenheit ist.
Das Witchboard hat mehrere Bezeichnungen und wurde vor allem in den zwanziger Jahren als Ouija Brett bekannt. Ouija ist eine Verbindung zwischen dem französischem "Ja" und dem deutschen "Ja".
Andere sagen, es wäre das ägyptische Wort für Glück. Letzteres kann ich leider nicht bestätigen.
Auf die Geschichte des Ouija Bretts (auch Talking Board oder Mystic Board genannt) werde ich im nächsten Kapitel eingehen.
Ferner möchte ich dich darüber informieren, wo man es beziehen oder besser, wie man sich selbst eines herstellen kann, wie man es befragt und welche Regeln man dabei unbedingt beachten sollte.
Dass es sich hierbei um eine okkulte Sache handelt, ist hoffentlich jedem klar. Es hat auf keinen Fall etwas mit schwarzer Magie zu tun, sondern mit Geisteranrufung (wie beim Gläserrücken).

Wenn du, liebe Leserin bzw. lieber Leser, auf diese Reise gehst, möchte ich dir mit auf den Weg geben, dass dies nichts für labile oder drogensüchtige Personen ist.

Mögen die Geister mit dir sein!

Wozu ein Ouija Brett gut ist

Das Brett ist in erster Linie dafür gedacht, um mit Geistern von Verstorbenen in Kontakt zu treten. Aus diesem Grunde war es im ersten Weltkrieg ein Verkaufsschlager und machte William Fuld zum Millionär. Frauen wollten erfahren, ob ihre Männer und Söhne, die als Soldat irgendwo im Ausland waren, noch lebten und wenn ja, wie es ihnen ging.
Man muss weder hellsichtig noch medial begabt sein, um über das Ouija Brett Antworten zu erhalten.

Die Fragen selbst werden durch die sich über die Buchstaben bewegende Planchette beantwortet.
Das Ouija Brett eignet sich hervorragend für Menschen, die ihre mediale Veranlagung noch nicht richtig entdeckt haben. Es kann so gesehen auch als Einstieg in die eigene Medialität verwendet werden. Auch das berühmte Medium James van Praagh aus den Staaten hatte Experimente mit dem Ouija Brett gemacht.
Menschen, die sich schon länger mit ihrer Spiritualität auseinander setzen, können über das Brett mit ihrem geistigen Führer oder Lehrer in Kontakt treten. Sie haben in der Regel Erfahrungen mit Meditationen, sich mit ihrer Vergangenheit erfolgreich auseinander gesetzt und führen ein verantwortungsbewusstes und geregeltes Leben. Für sie ist dies eine große Chance, sich spirituell weiter zu entwickeln.
Natürlich gibt es auch Menschen, die sich über das Brett einfach nur mit den Geistern verstorbener Prominenter oder Familienmitglieder, mit lebenden Personen, mit ihrem geistigen Führer, ihren Haustieren und mit Außerirdischen und Zeitreisenden unterhalten wollen.
Viele von ihnen möchten in erster Linie eine Art Lebensberatung bzw. Lebenshilfe erhalten. Die Fragen des alltäglichen Lebens sollen beantwortet werden: Wann kommt meine große Liebe, was soll ich mit meinem pubertierenden Sohn machen, wann gewinne ich im Lotto, sagt mir meine Freundin die Wahrheit oder hat mein Mann eine Geliebte?
Ich war eines Tages von meiner Arbeit so ausgelaugt, dass ich mein Brett befragte, was ich tun könnte. Es kamen nur 2 Buchstaben: „E“ und „X“. Ich hatte sofort eine Woche Urlaub gemacht, um danach wieder mit viel Elan an meine Arbeit zu gehen.
Kritisch wird es, wenn jemand nicht die Antworten erhält, die er hören möchte. Hierbei sei gesagt, dass es sich beim Ouija wie bei jedem anderen Orakel verhält.

Andere Antworten wiederum sollen wir nicht kennen, weil wir uns sonst nicht weiterentwickeln würden.
Da machen auch die Geister keine Ausnahme.
Oder es kommen Botschaften durch, die man erst mal enträtseln muss. Erst nach Tagen, wenn man sich die Botschaft durchliest, kommt das große Aha Erlebnis. Wenn du also etwas nicht verstanden hast, dann verzweifele bitte nicht. Sei einfach etwas aufmerksamer und lies die Botschaft so lange durch, bis du ihre wahre Bedeutung erkannt hast.
In zweiter Hinsicht wird das Ouija Brett auch genutzt, um das Unterbewusstsein anzuregen. Die Autorin Debbie Ford geht in ihrem Buch „Die dunkle Seite der Lichtjäger" davon aus, dass wir Menschen holografischer Natur sind. Das heißt, dass alles im Universum, selbst das kleinste Teilchen, die Intelligenz des Ganzen besitzt. Mit anderen Worten: auf all die Fragen, die uns beschäftigen, haben wir bereits die Antworten in unseren Genen, Zellen, Gehirnzellen und Unterbewusstsein. Wir müssten uns selber einfach nur besser zuhören.

Die Arbeit mit dem Ouija Brett kann neben der Meditation eine entspannende Technik sein, um mit seinem Unterbewusstsein in Kontakt zu treten.
So wertete ich auch die folgende Antwort, die ich bekam, als meine Katzen sehr krank waren. Sie hatten Durchfall. Der Tierarzt und ich bemühten uns ca. 2 Monate lang, die Krankheit in den Griff zu kommen. Als ich nicht mehr weiter wusste, fragte ich das Ouija Brett.
Seine Antwort war: S P Ü L M I T T E L.
Als ich anfing die Schälchen der Katzen nach dem Spülen mit klarem Wasser auszuspülen, ging der Durchfall tatsächlich zurück.

In deinem Unterbewusstsein sind eigentlich alle Antworten auf deine Fragen gespeichert, so auch deine früheren Leben.
Wenn du über das Brett dein Unterbewusstsein befragst, kannst du zum Beispiel erfahren, wer du früher warst (siehe Kapitel Fragenkataloge).

Wie man leichter einen Einblick in die Psyche eines seelischen kranken Menschen erhalten kann, zeigt der Film „Das Erwachen", in dem der Arzt mit Hilfe eines Ouija Brettes seinen Patienten „zum Reden bringt".

Man kann das Ouija Brett auch befragen, wenn man etwas verloren hat, bestohlen worden ist oder ein Haustier entlaufen ist.

Einige Menschen nutzen das Ouija Brett auch, um sich kreative Hilfe zu holen. Mit den richtigen Fragen kannst du zum Beispiel den Anfang zu deinem Erfolgsroman finden.
Patience Worth diktierte erst über das Brett, dann übermittelte sie direkt durch Mrs. Curran Geschichten und Gedichte, die erfolgreich veröffentlicht wurden. Die bekanntesten sind "The Sorry Tale", eine Geschichte des römischen und jüdischen Lebens zu Jesu Zeiten, und "Hope Trueblood".
Eine bekanntere Schriftstellerin, Jane Roberts, begann am 2.12.1963 mit dem Ouija Brett zu arbeiten, um mehr über ESP bzw. PSI zu erfahren. Sie bekam Kontakt zu Seth, der ihr einige Bücher diktierte, unter anderem "Das Seth Material", das wir teilweise auch auf Deutsch erhalten können.
Der amerikanische Pulitzer-Preisträger James Mevill bekam durch das Board die Inspiration zu "The Changing Light At Sandover".

Auch ich nutze das Brett, um mir mal einen Tipp zu holen. Manchmal fallen mir nicht die richtigen Worte oder Formulierungen ein.
Die erweiterte und vereinfachte Form des Ouija Brettes für Autoren ist das automatische Schreiben. Wie das funktioniert, beschreibe ich unter „Ouija Alternativen“.

Das Ouija Brett

Das traditionelle Brett ist aus Holz und hat eine Größe von 16 x 24 Inches (40,64 x 60,96 cm).

In der rechten oberen Ecke steht das englische Wort Yes für Ja und in der oberen linken Ecke No für Nein.

Dazwischen ist das Alphabet in zwei Reihen mit jeweils 13 Buchstaben angeordnet. Darunter wiederum sind die Zahlen von 0 bis 9 in ebenfalls zwei Reihen und ganz unten steht Good Bye für Auf Wiedersehen.

Um das Brett nutzen zu können, braucht man eine Planchette. Häufig war dieses Brettchen auf drei hölzernen Füßen. Heutzutage verzichtet man auf diese unpraktische Variante. So ist die Planchette heutzutage in der Regel ein flaches Herz aus Holz mit einem Loch in der Spitze, in dem die Buchstaben abgelesen werden können. Es hat eine Größe von ca. 15 cm.

Die modernen Bretter sind nicht nur aus Holz, sondern auch auf Pappe (wie ein Spielbrett) gemalt bzw. gedruckt. Es gibt auch ein Ouija-Card-Game in den Staaten zu kaufen, das im Kreis ausgelegt wird. Anstelle einer Planchette wird ein Glas verwendet.

Um flexibel sein zu können, gibt es auch ein Mini-Brett, das so genannte Travelboard, das nur 12 x 16 Inches (30,48 x 40,64 cm) groß ist.

Wer kreativ ist und sich sein eigenes Brett herstellen möchte, findet viele Hinweise in dem Kapitel „Anleitung zur Herstellung“.

Geschichte des Ouija Brettes

Im 19. Jahrhundert schrieben die Engländer Buchstaben auf kleine Karten, ordneten sie auf einem Tisch in einem Kreis an und verwendeten als Anzeiger ein umgedrehtes Glas.
Etwas später wurde das "Dial Plate Talking Board" entwickelt. Buchstaben wurden auf einer runden Platte angeordnet und von einem metallenen Zeiger in der Mitte angezeigt. 1861 beschrieb Allan Kardec (1804-1869; französischer Spiritist) in seinem "Buch der Medien" einige Möglichkeiten zur Geisterbefragung, unter anderem auch den "Girardin-Tisch" in runder Form.
Fast zur gleichen Zeit wurde eine Planchette (französisch für kleines Brett) zum automatischen Schreiben verwendet. Eine Planchette ist ein herzförmiges Instrument aus Holz auf drei Füßen, von denen zwei auf Rollen laufen und der dritte ein Bleistift ist, der durch das Loch in der Spitze gesteckt wird. Damit können sogar Analphabeten Botschaften aus dem Reich der Geister holen.
1890[1] verband ein Amerikaner namens Charles Kennard das "Dial plate talking board" mit der Planchette und erfand damit das erste Ouija Brett, den Vorläufer des modernen Witchboards. Es wurde damals für 1,50 $ verkauft.
1892 wurde William Fuld Besitzer dieser Fabrik, benannte sie um und ließ sich seine Ouija Bretter patentieren. Sie machten ihn zum Millionär.
William Fuld betonte immer wieder, dass er kein Okkultist sei, sondern ein Geschäftsmann.
Am 24.2.1927 fiel er vormittags vom Dach seiner Fabrik, als er Arbeitern Anweisungen zur Befestigung eines Flaggenmastes gab. Nachmittags verstarb er im Krankenhaus an seinen schweren Verletzungen (unter anderem Rippenbrüche und Kopfverletzungen). Manche sahen darin eine Mitschuld böser Geister.
Zwei seiner Söhne übernahmen den väterlichen Betrieb.
1966 kauften die Parker Brothers die Rechte am Ouija Brett. Sie produzieren das Brett seitdem in Salem. Dieser Ort erlangte durch die Hexenprozesse 1692 traurige Berühmtheit.
Zwischen 1966 und 1985 verkauften sie über zwei Millionen Exemplare. 1999 verkleinerten sie das Brett und brachten eines aus Pappe heraus, das im Dunkeln leuchtet. Die Planchette ist aus Plastik auf Beinen und leuchtet ebenfalls.
Es tauchte auch immer wieder die Frage auf, ob es sich hierbei um ein Gesellschaftsspiel oder um ein Kinderspielzeug handelte. In den Staaten werden die Bretter als Spielzeug für Kinder ab acht Jahren verkauft.

---

[1] Auch das Geburtsjahr von Dion Fortune, einer englischen Okkultistin und Autorin.

In der Regel haben Kinder einen einfacheren Zugang zu der anderen Welt. Für viele Erwachsene ist das leider nicht normal, und sie unterbinden diese Kontakte, in dem sie ihren Kinder sagen, sie sollen nicht herumspinnen. Schade, ich bin dafür, dass man diese Fähigkeit bei den Kindern fördern sollte.
Meine Freundin Ozeana hatte als kleines Mädchen eine Erscheinung, die sich ihr als "Ewwe" zu erkennen gab. Ewwe hatte braune, schulterlange Haare und ein gütiges Lächeln. An eine Situation kann sich Ozeana sehr genau erinnern, als sie mit ihren Eltern im Auto unterwegs war, und Ewwe immer in einem gewissen Abstand etwas oberhalb des Autos draußen nebenher schwebte. Sie machte ihre Eltern darauf aufmerksam, die aber nichts sahen und meinten, dass Ewwe wohl ihrer Fantasie entsprungen sei.
Irgendwann konnte Ozeana Ewwe nicht mehr sehen und schloss daraus, dass sie ihre Gabe verloren hätte.
Aber es kann auch sein, dass Ewwe ihre Aufgabe als Schutzengel beendet hat und sich auf den Weg in andere Sphären gemacht hat.

Geschichte des Spiritismus

Die Anfänge des modernen Spiritismus werden Anfang des 19. Jahrhunderts in Amerika vermutet.
Im zarten Alter von zwölf und dreizehn Jahren machten Kate und Maggie Fox 1848 in Hydesville im Bundesstaat New York ihre ersten Geistererfahrungen. In einigen Quellen wird allerdings behauptet, dass die beiden ihrer Mutter nur einen Streich spielen wollten, in dem sie nachts Klopfgeräusche ertönen ließen.
Sie fanden in den Klopfbotschaften heraus, dass es sich um den Geist eines Hausierers handelte, der von einem Mieter ausgeraubt und ermordet worden war. Dieser hatte dann die Leiche im Keller verschwinden lassen.
Weil die Mutter so stolz auf die Fähigkeiten ihre Töchter war, erzählte sie es ihren Nachbarn. Alle wollten nun den Beweis haben, dass sich im Keller wirklich eine Leiche befindet. Sie gruben nach und wurden tatsächlich fündig. Sie fanden Überreste eines Skeletts. Nun gab es kein Halten mehr und alle Menschen im Dorf wollten mit dem Geist reden.
Ein gewisser E.E. Lewis schrieb über dieses Phänomen und sein Buch „A Report of the Mysterious Noises Heard in the House of John D. Fox“ wurde die erste Veröffentlichung über Spiritismus.
Die älteste Schwester schnappte sich ihre Geschwister und bot die Fähigkeiten der Kinder gegen Geld an. Wenn sich auf diesen Veranstaltungen kein Geist meldete, halfen die Geschwister Fox nach, in dem sie laut mit den Zehen knackten. Meine Freundin aus Bagdad konnte das auch sehr gut, sie machte das damals, um den Unterricht zu stören. Dieses Knacken kann tatsächlich sehr laut sein, aber den Geschwistern Fox kam man trotzdem auf die Schliche.

Plötzlich entdeckten sehr viele Menschen in den Staaten in sich selbst die Fähigkeiten, mit Geistern zu reden, und innerhalb der nächsten fünf Jahre erhöhte sich die Zahl der Medien um ca. 30.000.

Aber auch Europa, insbesondere Frankreich, England und Deutschland, traf diese Welle. Einer der bekanntesten Vertreter ist Allan Kardec. Anfang Oktober 1804 wurde er als Lèon Hippolyte Dénizard Rivail in Lyon geboren. Erst später nannte er sich Alan Kardec. Dieser Name wurde ihm laut seiner Angaben ca. 1855 während einer Séance von Geistern übermittelt.

Er wuchs in der Schweiz auf und ging auf eine Pestalozzi Schule. Er übernahm die Lehren Pestalozzis[2], um sie zu verbreiten.
Nach seinen Studien in Chemie, Physik und Astronomie kehrte er nach Frankreich zurück, wo er kostenlose Kurse über diese Themen gab. Da er aus einer reichen Rechtsanwaltsfamilie stammte, war dies wohl kein Problem.
Durch seine Tätigkeiten erfand er eine einfache Methode zum Erlernen des Rechnens und widmete sich immer noch den Studien der Erziehungswissenschaften. Dazu erschienen Schriften, wie zum Beispiel „Plan zur Verbesserung des öffentlichen Unterrichts".
In den dreißiger Jahren heiratete er. Leider habe ich darüber nichts Genaueres finden können.
Als er ca. 1855 den Spiritismus für sich entdeckte, widmete er sich dieser Thematik voll und ganz. Er schrieb Bücher, die von den Geistern Napoleons, Sokrates´ und Martin Luthers inspiriert waren.
Seine wichtigsten Bücher, die auch heute noch als Standardwerke bezeichnet werden dürfen, sind „Das Buch der Geister" und „Das Buch der Medien", die auch ins Deutsche übersetzt wurden (Bauer Verlag).
„Das Buch der Geister" beantwortet alle Fragen, die sich uns aufdrängen, wenn wir uns mit Geistern oder Reinkarnation beschäftigen. Wann zum Beispiel eine Seele in einen Körper kommt, wie sich Geister zusammenfinden, moralische Aspekte, Entwicklung der Geister und vieles mehr. In dem „Buch der Medien" zählt er die Möglichkeiten auf, mit denen man mit Geistern in Kontakt treten kann. In einer einfachen Sprache schreibt er sachlich über Phänomene, über die man Bescheid wissen sollte, wenn man sich mit Spiritismus beschäftigen möchte. Er weist dabei auf den Sinn des Lebens und das Leiden der Menschen hin, die sich aus ihren erlernten Erfahrungen ergeben.
Allan Kardec beschäftigte sich als Katholik, der in einer evangelischen Umgebung aufwuchs, mit einer Reformierung des Glaubens. Dabei schloss er allerdings den Pantheismus aus. Er sprach sich für eine humane Gesellschaft aus, die ihre Mitglieder alle als gleichwertig ansieht.
Um seine Studien zu erweitern, gründete er im April 1858 die erste spiritistische Gesellschaft der Welt in Paris.
Natürlich stieß er bei der Kirche auf Widerstand und musste es hinnehmen, dass er vom Erzbischof von Barcelona geächtet wurde. Dieser verbrannte am 9.10.1861 300 Bücher auf der Esplanade.

---

[2] Pestalozzi: schweizerischer Pädagoge, der die Entfaltung der geistigen und körperlichen Anlagen des einzelnen Menschen unterstützte und nicht das mechanische Lernen.

In Salvador fand 1865 der erste offizielle brasilianische Spiritistenzirkel, der sich auf die Lehren von Alan Kardec stützt, statt. Man sprach dort von Kardecismus, der sich anscheinend mit den örtlichen Religionen vermischte. Die Brasilianer widmeten ihm sogar eine Briefmarke. Die brasilianische Gesellschaft für Spiritismus widmet sich auch heute noch der Erforschung von Geistern und hat drei Werke von Kardec ins Internet gestellt. Diese sind allerdings in Englisch, übertragen aus dem Französischen von Anna Blackwell und J. A. Duncan.
Bemerkenswert finde ich Kardecs Aussage und ich zitiere aus seinem „Buch der Geister" Seite 35: „Alle großen und ausschließlichen Beschäftigungen des Geistes können Wahnsinn verursachen, Wissenschaften, Künste, ja selbst die Religionen stellen da ihr Kontingent. (...) Ein Religiös-Wahnsinniger wäre sicher Spiritismus-Wahnsinniger geworden, hätte er den Spiritismus gekannt, und ihm in seinem Leben die Vorherrschaft eingeräumt, wie es auch genau umgekehrt der Fall gewesen sein könnte. Meine Behauptung geht dahin, dass der Spiritismus durchaus kein besonderes Privileg in dieser Hinsicht hat, im Gegenteil, ich behaupte, dass er bei richtigem Gebrauch sogar der beste Schutz gegen Wahnsinn ist."
Am 31.März 1869 starb Alan Kardec an einem Schlaganfall. Schon Jahre zuvor litt er an seinem kranken Herzen, aber seine Arbeit ließ ihm keine Ruhe. Sein Grab ist in Paris auf dem Friedhof von Montmatre, das auch heute noch von vielen Menschen besucht wird.

Wer sich für Spiritismus auf der ganzen Welt interessiert, findet viele Links auf der Homepage www.spiritualism-links.com.
Im Spiritismus wurde scheinbar eine Beschäftigung gesucht, die vom einengenden christlichen Alltag ablenkte. Die Menschen spürten, dass es noch etwas anderes geben musste. Im viktorianischen England waren es Frauen, die durch eben diese Fähigkeiten Geld verdienen konnten. Sie, die mit den Geistern redeten, hatten Macht. Die bekanntesten unter ihnen waren Cora Richmond, Emma Hardinge Britten und Victoria Woodhull.

Auch Sir Arthur Conan Doyle, der durch seine Romanfigur „Sherlock Holmes" weltberühmt wurde, bekannte sich 1916 zum Spiritismus. Er hielt Vorträge und schrieb zwei Bücher über dieses Thema. Sir Doyle hatte auch regen Kontakt zu Harry Houdini.
Houdini war seit dem Tod seiner Mutter auf der vergeblichen Suche nach einem guten Medium. Sie hatte ihm zu Lebzeiten versprochen, ihm aus dem Jenseits eine ganz bestimmte Botschaft zu senden.

Er war bei vielen Medien, und weil er nie diese eine Botschaft bekam, fing er an, Medien bei Séancen zu entlarven.
Trotzdem machte er mit Sir Doyle und seiner Frau eine Séance, weil er so sehr auf die Botschaft von seiner Mutter hoffte. Lady Doyle, ein Medium, stellte den Kontakt zu seiner Mutter her. Leider übermittelte sie aber nicht das gewünschte Wort.
Houdini beschuldigte sie als Betrügerin und so begann die Freundschaft zwischen Sir Doyle und Houdini an zu bröckeln.
Sir Doyle war darüber sehr enttäuscht und war der Meinung, dass Mr. Houdini einfach nur undankbar sei oder unter einem schweren Trauma litt.

Eine weitere spannende Geschichte liefert uns Sarah Winchester. Sie war die Witwe des Sohnes des Gewehrfabrikanten Winchester.
Für sie waren die Gewehre ein Werk des Teufels, mit denen in erster Linie die Ureinwohner Amerikas ermordet wurden.
Ein Medium riet ihr, in den Westen zu ziehen, da sie von den Geistern der Getöteten verflucht worden sei. Sie solle dort ein Haus bauen. Solange es nicht vollendet ist, würden die Geister sie in Ruhe lassen.
Sarah Winchester zog nach San Jose und kaufte dort 1884 ein Haus mit acht Zimmern.
Nacht für Nacht setzte sie sich an ihr Ouija Brett und empfing die „Baupläne" für das Haus. Tag für Tag setzten Handwerker die Pläne um.
Es gab viele Gänge mit abrupten Ende, Tricktüren, überlappende Balkone oder Gänge, die so niedrig waren, dass man nur durch sie kriechen konnte.
Um die 750 Zimmer soll es gegeben haben (bei Erdbeben wurde einiges zerstört), heute sind es noch 160 Zimmer.
Am 5.9.1922 verstarb Mrs. Winchester mit 85 Jahren. 38 Jahre lang hatte sie an dem Haus gearbeitet.
Heute ist das Winchester Haus eine Touristen Attraktion.

Heutzutage wird der Spiritismus immer noch mit sehr viel Argwohn betrachtet. Wenn man sich die wechselhafte Geschichte anschaut, deren Quellen auch recht unterschiedlich sind, kommen bei vielen Menschen Zweifel auf.

Bei allem Verständnis und Respekt bzgl. der Kontakte mit Verstorbenen, kann ich nur sagen, dass wir uns immer eine gewisse Skepsis erhalten sollten. Dabei spielt es keine Rolle, ob wir das Ouija Brett oder die Tarot Karten befragen.

Bekannte amerikanische Medien, wie zum Beispiel James van Praagh, der seine Fähigkeiten auch schon im deutschen Fernsehen unter Beweis stellte („Vera am Mittag", SAT 1), arbeitete mit dem Ouija Brett. In seinem Buch „Heilende Trauer" befürwortet er das Ouija Brett, wenn man bestimmte Dinge beachtet.
In einem Film über ihn „Talking to Heaven" wird sein Werdegang mit einer spannenden Kriminalgeschichte verwoben.

Viele Medien, die sich dem Spiritismus verschrieben haben, veröffentlichen heute ihre Erfahrungen und gechannelten Botschaften: John Edward „Ein letztes Mal", Sylvia Browne „Die Geisterwelt ist nicht verschlossen", André und Melissa Bónya „Channeling für Einsteiger", James van Praagh „Jenseitswelten". Ich habe jeweils nur die Bücher angegeben, die mir persönlich am besten gefallen haben.

Spiritismus, Schamanismus und andere magische Religionen

Spiritismus kann als moderne Form des Schamanismus betrachtet werden. Beide beinhalten Methoden der Geisteranrufung, der Geistheilung und der Trance.

Während sich der Spiritismus eher den Geistern von Häusern und Verstorbenen widmet, spricht man im Schamanismus auch von Tier- und Pflanzengeistern.

Im Spiritismus geht es auch um die Kontaktaufnahme mit Engeln und aufgestiegenen Meistern. Engel oder auch Verstorbene werden als Schutzgeister um Beistand gebeten. Viele Medien verzichten bei der Kontaktaufnahme auf Ouija Brett und Co. Sie erhalten die Botschaften teilweise bei vollem Bewusstsein oder in Trance. Dieser Vorgang ist unter dem Begriff „Channeling" bekannt. Das Medium bietet sich dabei dem Geist als Kanal an.

Anderen magischen Religionen, wie zum Beispiel dem Heiden- oder Hexentum (Wicca), liegen schamanische Traditionen zugrunde. Bei Schwierigkeiten in der Liebe oder dem Job werden die Ahnen gebeten, sich darüber zu äußern, wie man am besten in schwierigen Situationen verfahren kann. Seltsamerweise wird im Wicca häufig das Ouija Brett abgelehnt, obwohl es etwas ganz Natürliches ist, sich mit den Ahnen zu verbinden und mit ihrer Hilfe Zauber loszuschicken.

Gerald Gardner schreibt, dass sich die Hexen auf dem Friedhof trafen, um Leichname zu erwecken und von diesen Ratschläge zu erbitten.

Der Glaube an Geister scheint so alt wie die Menschheit zu sein. Schon immer haben die Menschen mit ihren Ahnen und mit den Tieren kommuniziert, die ihr Überleben sicherten. Die Menschen baten die Tiergeister, ihnen ihre Kraft zu geben, da sie Fähigkeiten besaßen, die sie nicht hatten.

Im Curanderismo[3] sind die Naguals, die so genannten Krafttiere, seit der Geburt des Menschen bei ihm. Alles, was diesem Nagual in der anderen Welt passiert, widerfährt auch dem dazugehörigen Menschen in der äußeren Welt.

Krankheiten wurden geheilt, in dem man die guten Geister anrief, um die bösen zu vertreiben. Schamanische Gesellschaften gingen davon aus, dass sich bei Krankheit böse Geister im Körper manifestiert haben.

Im Schamanismus glauben die Menschen, dass alles beseelt ist: Steine, Menschen, aber auch moderne Erfindungen wie Flugzeuge. Letzteres fliegt nur,

---

3 Curanderismo: mexikanische Heilkunst und Spiritualität; basiert auf dem spanischen Katholizismus, afrikanischen und aztekischen Schamanismus. Die Spanier brachten, beeinflusst von den Heilkünsten der Araber, Griechen und Römer, auch die Hexenkünste des Mittelalters mit nach Amerika. (Quelle: Elena Avila, Curandera, Goldmann März 2000).

weil der Pilot einen guten Draht zum Geist des Flugzeuges hat. Computerfreaks unter uns kennen das Phänomen: wenn der Computer mal spinnt, überredet man ihn häufig mit Handauflegen, damit er wieder seinen Geist aufnimmt.
In der Regel werden die Geister mittels Trommeln herbeigerufen. Dabei versetzt sich der Schamane in Trance (schamanische Reise), verbindet sich mit den Geistern und ist so in der Lage, ihnen mitzuteilen, was sie tun möchten.
Auf diesen Reisen sucht der Schamane auch häufig nach Seelen oder Seelenanteilen, die einem Menschen durch ein Trauma abhanden gekommen sind (Seelenrückführung).

Was allen Formen gemeinsam ist, dass es auch im Traum zu Geistbegegnungen kommt. Wenn sich der Geist eines schlafenden Menschen vom Körper löst, kann er die Botschaften Verstorbener oder von Tiergeistern besser aufnehmen und verstehen.

Gibt es Geister?

Versuch einer Definition

Diese Frage kann ich aus eigener Erfahrung mit einem klaren JA beantworten. Wer schon einmal Kontakt zu einem Geist hatte, spricht auch von Erscheinungen, Schatten, Gespenster, Visionen oder auch Phantomen. In den meisten Fällen wurde der Geist nur gespürt oder im Augenwinkel wahrgenommen (da war doch etwas?!). Häufig werden Geistern unerklärliche Phänomene zugesprochen, zum Beispiel Dinge, die sich plötzlich von Geisterhand durch die Luft bewegen.

Zuerst brauche ich eine Definition davon, was ich unter einem Geist verstehe. Mit dem Ouija Brett werden in erster Linie Geister von Verstorbenen, bzw. meinen Ahnen, um Lebenshilfe gebeten. Alle anderen Arten von Geistern werde ich erst später besprechen, zum Beispiel Schutzgeister, Helfergeister etc.

Der Mensch hat neben seiner sterblichen Hülle auch einen Geist. Schon die alten Ägypten teilten dem Menschen zwei Körper zu: ein sterblicher und „Ka", das menschliche Doppel, das als Astralleib in geistige Gefilde reisen kann. Viele Menschen, die Nahtoderlebnisse hatten, berichteten davon, wie sich ihr Geist kurze Zeit vom Körper löste.

Wenn ein Mensch stirbt, löst sich sein Geist vom Körper. Dieser begibt sich unter normalen Umständen in das Jenseits[4]. Dort wird er, laut Wicca Glauben, 49 Tage bleiben[5], um das gelebte Leben Revue passieren zu lassen und sich in der „neuen" Umgebung wieder zurecht zu finden. Nach den 49 Tagen wird für den Verstorbenen ein Fest von den Lebenden ausgerichtet, auf dem auch für ihn der Tisch mitgedeckt wird.

Während dieser 49 Tage kann der Geist nicht befragt werden, da er sich so gesehen in einer „Reinigungsphase" befindet. Erst danach ist er „ansprechbar".

---

4 Auch schon zu Lebzeiten können wir das in unseren Träumen oder tiefen Meditationen. In diesen Fällen spricht man von Astralreisen, die man zu jedem Ort im Universum tätigen kann.

5 Siehe Szuzsanna E. Budapest „Herrin der Dunkelheit, Königin des Lichts", Verlag Hermann Bauer, 5. Auflage 1999, Seite 136
Zu den 49 Tagen im so genannten „Zwischenzustand" Bardo: Dies sind 2500 Jahre alte Belehrungen von Buddha Sakyamuni höchstpersönlich. Übrigens auch nachzulesen in jeder Ausgabe des Tibetischen Totenbuches.

Meine Erfahrungen waren bisher, dass der Geist oder auch Restenergien von ihm noch ca. 1 Woche an dem Ort zu spüren waren, an dem sich der Verstorbene zu Lebzeiten aufgehalten hatte. Je intensiver die Liebe zwischen mir und dem Verstorbenen war, desto mehr konnte ich die Anwesenheit auch spüren. Seelen fühlen sich dann bei mir immer gleich an, egal ob nun ein Mensch oder eine Katze gestorben war. Nach dem Zeitraum von 49 Tagen können diese Energien wieder für uns spürbar werden.

Dazu fällt mir ein Erlebnis ein, das ich Ende März 2007 hatte:
Ralf und ich wollten hier durch den Stadtpark und den Park dahinter spazieren gehen. Als ich mich im Bad fertig machte, wurde ich plötzlich sehr traurig.
Ich sah, dass ich meine Kamera mitnahm und hinterher in meinem Internet Blog ein Bild hineinsetzte, auf dem ein Holzkreuz und Blumen zu sehen waren.

Ich beschloss daher, die Kamera zu Hause zu lassen.
Wir gingen los, und als wir die Holzbrücke über dem oberirdischen Abwasserkanal betraten, sah ich ungefähr auf der Mitte der Brücke Blumen unten am Geländer liegen.
Mir blieb die Luft weg. Als wir näher kamen, sahen wir ein Holzkreuz, in das 5.3.2007 und der Name Erik gebrannt war. Vor dem Kreuz lagen die weißen Blumen.

Wir haben viel überlegt, was dort passiert ist (wir lesen keine Tageszeitung), da fiel mir ein, dass vor ein paar Wochen sich ein junger Mann erhängt hatte (stand kurz im Wochenblatt, aber ohne Ortsangabe). Ralf hatte mir da noch erzählt, dass ein Bekannter seines Kollegen die Leiche frühmorgens beim Joggen entdeckt hätte.

Wie verzweifelt musste dieser junge Mann gewesen sein, dass ich seine Energien spüren konnte?

Die Erfahrung hat gezeigt, dass die meisten Selbstmörder sofort wiedergeboren werden, oft auch, weil sie erkannt haben, dass sie einen Fehler gemacht haben. Oder sie wissen nicht, dass sie verstorben sind und nun etwas Hilfe brauchen, den richtigen Weg zu gehen. Und so war es in diesem Fall. Ich habe ihm seine Ruhe zurück gegeben, und er konnte endlich gehen.

Ich verwende übrigens ganz bewusst zwei Begriffe: Geist und Seele. Beide sind sehr eng miteinander verwoben und bilden eine Einheit. Während der Geist alles um sich herum aufnimmt, kann er die Seele beschützen, wenn er merkt, dass dieser Schaden zugefügt werden könnte. Während der Geist denkt, fühlt die Seele. Man könnte auch sagen, dass der Geist das Gedächtnis der Seele ist.
Für viele ist mit Geist und Seele das Gleiche gemeint. Diese Auffassung kann ich so nicht teilen. Im indianischen Schamanismus spricht man zum Beispiel von Seelenverlust. Dieser tritt bei Traumata ein und wird vom Geist eingeleitet, um ein Überleben der Seele möglich zu machen. Wäre das nicht der Fall, würden noch mehr Menschen Selbstmord[6] begehen.
Bei besonders schweren Traumata kann die Seele den Geist so in Mitleidenschaft ziehen, dass sich der Mensch an einiges nicht mehr erinnern kann. In der modernen Psychologie spricht man davon, dass diese Dinge im Unterbewusstsein verschüttet liegen. Nur über den Geist kann man wieder an diese Geschehnisse gelangen und die Seele wieder heilen.

Was passiert nun, wenn sich der Geist vom toten Körper gelöst hat? Einige sprechen davon, dass er ins Licht geht. In der Wicca Religion geht er durch einen Schleier in die Anderswelt. Wie auch immer, in der Regel wird er an der Schwelle zwischen den Welten bereits von Verstorbenen erwartet und an seinen Bestimmungsort begleitet. Dort trifft der Geist auf Freunde, Seelenverwandte und Zwillingsseelen. Bevor er nun seine Erfahrungen mit den anderen teilt, schaut er rückblickend auf sein Leben. Dabei entscheidet er selbst, was gut und was weniger gut war. Was er in diesem Leben dazugelernt hat und was seine Aufgaben nun als Geist sind. In der anderen Welt herrschen andere Bedingungen als in unserer Welt. Alles ist voller Liebe und Energie. Jeder Geist kann sich entscheiden, wie schnell seine Entwicklung fortschreitet, ob er bei der nächsten Reinkarnation sich mal auf die faule Haut legt oder lieber Erfahrungen sammelt. Letztere sind auch dafür da, um spiritueller Lehrer werden und später „seinen“ Menschen auf seinem Weg unterstützt.

Auf meine Fragen über die Beziehungen von Seelen bekam ich von meiner spirituellen Lehrerin zur Antwort, dass sich im Jenseits die Seelen treffen, die die meisten Gemeinsamkeiten hätten. Es gibt zwar keine Seele, die der anderen hundertprozentig gleicht, aber es fühlen sich immer die zusammengehörig, die ähnliche Interessen und Ansichten haben. Gerald B. Gardner (einer

---

6 Westdeutsche Allgemeine vom 9.9.04: im Jahr sterben weltweit ca. eine Million Menschen an Selbstmord. Die Zahl soll sich bis 2020 auf 1,5 Millionen anheben.

der Gründerväter der Wicca Religion) beschreibt in seinem Buch „Ursprung und Wirklichkeit der Hexen“, dass auch Hexen versuchten, ihre Blutlinie zu erhalten, in dem die Seelen der Verstorbenen wieder in ihrer Familie reinkarnieren.
So ist es auch zu erklären, dass sich vielleicht nicht immer genau der Geist bei einer Séance meldet, den du gerufen hast, sondern einer aus dieser Familie, der genau das gleiche Wissen besitzt. Wie wäre es sonst möglich, dass sich zur gleichen Zeit Hunderte von Menschen auf der ganzen Welt mit Aleister Crowley oder Elvis unterhalten?
Geister sind weder an das Geschlecht gebunden noch an Namen, noch an Raum und Zeit.

Geister sind wie Gedanken und können blitzschnell von einem Ort zum nächsten reisen. Sie hören es, wenn sie gerufen werden. Sollte sich eine Seele bereits wieder reinkarniert haben, wird sich eine andere aus ihrem Kollektiv melden.
Es war mir zu Anfang meiner spiritistischen Laufbahn ziemlich unheimlich, jemanden ans Ouija Brett zu rufen, wenn er oder sie schon lange tot war. Die Wahrscheinlichkeit besteht ja, dass ausgerechnet dieser Geist sich wieder inkarniert hat. Zumal man davon ausgeht, dass sich die Reinkarnationszeit von 150 Jahren auf heutzutage ca. 30 – 40 Jahre verkürzt hat. Aber ich brauche mir keine Sorgen mehr zu machen, weil der anwesende Geist entweder der richtige ist oder eben jemand aus dieser Familie, der mir mitteilt, ob und wann der Geist, den ich gerufen habe, reinkarniert ist.

Poltergeister und andere Nervensägen

Bisher habe ich von Geister gesprochen, die uns wohl gesonnen sind. Ich möchte nicht verschweigen, dass es auch Geister gibt, die auf unangenehme Art und Weise auf sich aufmerksam machen können. Diese können sich bei Séancen bemerkbar machen, weil sie genauso kommunikativ wie alle anderen Geister sind. Was man dagegen tun kann, findest du in den Kapiteln „Wie werde ich einen unerwünschten Geist wieder los“ und „Wie kann ich mich bei Séancen vor unterwünschten Geistern schützen.“
Geister, die direkt nach ihrem Tod weiterhin auf der Erde wandeln, bezeichnet man als erdgebundene Seelen, Gespenster oder Poltergeister. Sie bewohnen in der Regel weiterhin ihre gewohnte Behausung. Das heißt, dass sich nur der erdgebundene Geist bei dir meldet, der in dem Haus lebt, in dem du die Séance abhältst. Ein Gespenst oder Poltergeist wird nicht aus New York anreisen, weil es sich durch deine Sitzung in Wanne-Eickel angesprochen fühlt.

Ausnahmen gibt es bei Unfällen oder Mord, wo der Geist an dem Ort des Schreckens gebunden bleibt. Vielleicht passieren deshalb so viele Unfälle immer wieder an den gleichen Stellen von Landstraßen oder Autobahnen, weil die dort lebenden Geister weiterhin für neue Unfälle sorgen. Das hieße, dass eine Entschärfung der Kurven etc. nichts bringen würde, sondern eher ein Medium, dass die Geister ins Licht führen kann.
Allerdings kann das Volk der Naturgeister sich ebenso gegen eine Autobahn wehren, in dem sie Unfälle provozieren. Dazu mehr bei den Naturgeistern.

Für die Erdgebundenheit kann es viele Gründe geben:

1. Sie haben ihr Menschsein als Krimineller beendet.
2. Sie haben sich selbst getötet.
3. Sie wurden plötzlich und unerwartet durch einen Unfall oder Mord aus dem Leben gerissen und wissen gar nicht, dass sie tot sind.
4. Sie werden von Menschen nicht losgelassen (aus diesem Grund bitte erst den Verstorbenen rufen, wenn die 49 Tage um sind). Das passiert zum Beispiel bei Eltern, die ihre toten Kinder nicht loslassen können. Oder wenn die verstorbene Mutter ihre Kinder nicht hilflos zurücklassen will. Auch durch eine starke Liebe kann der verstorbene Partner zu einem erdgebundenen Geist werden.
5. Zu materiell eingestellt, das heißt, sie haben eine zu starke Bindung an ihren Besitz.
6. Wenn jemand glaubt, dass er aufgrund seiner Taten in die Hölle kommt, kann er sich weigern, ins Jenseits überzuwechseln.
7. Drogenabhängige Menschen (diese fühlen sich dann besonders von lebenden Drogensüchtigen angezogen).
8. Sie können anderen Menschen nicht verzeihen und wollen Rache üben.
9. Unwissenheit – das gilt insbesondere für Menschen ohne religiösen Hintergrund oder gerade zu starkem Glauben an die Hölle (siehe 6. Punkt) oder an falsche Vorstellungen vom Jenseits.
10. Angst vor der Fortsetzung ihrer Schmerzen und Krankheit (dabei verflüchtigen sich Schmerzen und Gebrechen beim Übergang in die andere Welt, weil ja der geschundene Körper verlassen wird).

Poltergeister fallen auf, indem sie im Haus Krach verursachen. Entweder trampeln sie auf dem Dachboden herum oder rennen die Treppe auf und ab, vorzugsweise in der Nacht, damit alle etwas davon haben. Sie lassen die Tische und Stühle tanzen oder schlagen Türen auf und zu. Dass das als Hilfeschrei zu verstehen ist, ist sonnenklar. Die Verzweifelung kein normales Leben mehr führen zu können oder nicht zu wissen, wohin sie gehören, bringt jeden, lebendig oder tot, an den Rand des Wahnsinns. Ein erfahrendes Medium erlöst einen solchen Geist, indem es ihm Mitgefühl entgegen bringt und ihn zu seinen bereits verstorbenen Familienmitgliedern führt.

Andere erdgebundene Seelen hängen sich an Menschen, deren Aura durchlässig oder unterbrochen ist. Die besten Chancen, sich einen Geist anzuhängen, bestehen, wenn jemand drogenabhängig, spiel- oder sexsüchtig ist oder mit seinem Körper in anderer Hinsicht nicht besonders sorgsam umgeht. Auch häufige unkontrollierte Wutausbrüche oder eine zu starke Fixierung auf einen Partner können auf eine Besessenheit hinweisen. Jemand, der sehr zu Depressionen neigt oder vielleicht sogar auch suizidgefährdet ist, kann ebenfalls schnell Opfer einer Besetzung werden.
Manche erdgebundenen Geister nutzen die Schwächen dieser Menschen aus, weil sie ihnen die Nahrung geben, die sie brauchen. Aus diesem Grund sollten Menschen mit den genannten Verhaltensweisen keine Séancen ausführen, weder alleine noch mit anderen. Erst wenn sie wieder gesund sind und eine stabile Aura haben, ist das kein Problem mehr.
Menschen mit einer geschwächten Aura, die häufig krank sind, sollten im Krankheitsfall ebenfalls auf eine Séance verzichten.

Der spirituelle Lehrer / die spirituelle Lehrerin

Um diesen Geist anzusprechen, braucht man nicht unbedingt das Brett. Aber wenn du sehr im Stress warst, kann das Brett eine schnelle und unkomplizierte Verbindung sein. Wenn ich zum Beispiel an einem Tag viele Beratungen durchgeführt habe und sehr ausgepowert bin, ist das Brett ein gutes Medium.

Meine spirituelle Lehrerin ist ein Geist, der schon sehr viel länger auf der Erde lebt als meine eigene Seele. Sie begleitet meine Seele seit meiner Geburt, da sie aus einer Familie stammen. Sie ist dafür da, mir Fragen zu beantworten, die mein spirituelles Leben betreffen.

Wer sich auf dem spirituellen Weg befindet, kann in der Regel zu seinem spirituellen Lehrer leicht Kontakt aufnehmen. Das kann in einer Meditation gemacht werden, in der man darum bittet, den Lehrer kennen zu lernen.
Einige lernen ihren Lehrer auf einer schamanischen Reise kennen oder während einer Einweihung. Letzteres war bei mir der Fall. Als ich meine Lehrerin zum ersten Mal sah, war ich sehr verwundert: sie hat eine dunkelbraune Hautfarbe, viele Zöpfe und eine sehr tiefe, fast männliche Stimme. Sie sagte

mir, dass sie seit Anbeginn der Menschheit auf der Erde wäre. Und dieser fand in Afrika statt, wie ich erfahren habe[7].

Einige spirituelle Lehrer haben auch einmal als Mensch gelebt, manche nicht und einige sehr oft. Wenn sie die Aufgabe des spirituellen Lehrers angenommen haben, reinkarnieren sie nicht mehr.

Zeitreisende

Zeitreisende als Geister zu bezeichnen, ist auf dem ersten Blick nicht so ganz richtig. Es gibt Menschen, die ihren Geist im Traum oder in einem tiefen meditativen Zustand, auf Reisen schicken. Es kann durchaus passieren, dass sich ein Zeitreisender von einer Séance angesprochen fühlt, wie andere Geister auch. Rückführungen in frühere Leben sind so gesehen auch Zeitreisen.
Wer sich auf Zeitreisen begibt, möchte wissen, was sich in den Epochen abgespielt hat, zu denen er sich hingezogen fühlt. Oder was für viele noch wichtiger ist, sie wollen einen Blick in die Zukunft werfen.
Diese Zeitgenossen sind in der Regel als neutral zu betrachten. Da sie auf der Suche nach Wissen sind, stellen sie für Séance Teilnehmer keine Gefahr dar.

Träumer

Wenn der Mensch schläft, löst sich in einigen seiner Träume seine Seele vom Körper und geht auf Wanderschaft. Das kann dazu führen, dass sich auch solch´ ein Zeitgenosse vom Ouija Brett gerufen fühlt. Andererseits bedeutet das auch, dass ich mit schlafenden Menschen kommunizieren kann. Das sollte allerdings nur gemacht werden, wenn der andere damit einverstanden ist.

Naturgeister

Sie sind überall in der Natur anzufinden, ob nun in einem Wald (Feen und Elfen) oder im Meer (Nixen) oder in der Erde (Zwerge und Gnome). Sie sind dem Menschen insoweit freundlich gesonnen, wie wir ihre Gebiete respektieren. Wenn Menschen das nicht tun und einfach eine Autobahn durch ihr Zuhause bauen, zeigen sie ihren Unmut darüber, in dem sie zum Beispiel Unfälle provozieren. In Island gibt es aus diesem Grund eine Elfenbeauftragte, die dafür sorgt, dass die Straßen um die Wohngebiete der Naturgeister herum gebaut werden.
Mit Naturgeistern kann man ebenfalls über das Brett kommunizieren. Dafür muss man sich natürlich nach draußen begeben. Die erfolgreichsten Plätze

---

[7] Natur & Kosmos, April 2002, Artikel von Wolfgang Silvanus: Wir stammen alle von einer Frau ab.

sind meiner Erfahrung nach an einem Bach mitten im Wald. Wenn du zur Mittsommernacht zur Dämmerung oder um 12 Uhr mittags dort dein Brett befragen möchtest, ist an diesem Zeitpunkt der Erfolg sehr hoch, weil der Schleier zwischen der Menschen- und der Naturgeisterwelt sehr dünn ist.

Pflanzengeister

Diese sind überall dort zu Hause, wo es Pflanzen gibt, auch in deiner Wohnung. Über das Brett kannst du dann tagsüber sehr gut erfahren, was zum Beispiel einer Pflanze fehlt, und was du für sie tun kannst.
Vor einiger Zeit war ich mit einer Freundin in einem Park. Wir setzten uns unter einen Baum und sie fragte mich, was das für einer sei.
Ich wusste das leider nicht, aber es ging mir nicht aus dem Kopf. Zu Hause angekommen, nahm ich mir mein Pflanzenbestimmungsbuch zur Hand und dachte noch mal an die Frage meiner Freundin. Ich schlug das Buch dann direkt an der richtigen Stelle auf. Ich war richtig verwundert, so als hätte der Baum mir die Antwort gegeben.

Tiergeister

Da Tiere mit uns nicht verbal kommunizieren können, kannst du es entweder mit einem Kurs für Tierkommunikation versuchen oder auch mit dem Ouija Brett.
Mit Tiergeister meine ich nicht nur Krafttiere oder Familiare, sondern auch unsere Haustiere.
Wenn es z.B. deiner Katze nicht so gut geht oder sie Stress wegen etwas hat, kannst du über das Brett fragen, warum es ihr schlecht geht.
Selbstverständlich kannst du auch Kontakt zu verstorbenen Haustieren aufnehmen. Sie sind genau wie wir Menschen nach ihrem Tod ein Geistwesen, das sehr gerne kommuniziert.
Bitte halte auch in diesem Fall die Frist von 49 Tagen nach ihrem Tod ein, um sicher zu gehen, dass sich die Seele reinigen konnte.

Schutzgeister und Schutzengel, Wächter des Lichts und Lichtwesen

Im Wicca nenne ich das Wesen, das mich beschützt, einen Schutzgeist. Ein Christ nennt ihn Schutzengel. Andere verwenden gerne den Begriff Lichtwesen oder Freunde der Hexenserie „Charmed“ Wächter des Lichts. Es ist mit allen Begriffen das Gleiche gemeint: ein Wesen, dass über uns wacht und uns in gewissen Situationen hilfreich zur Seite steht.
Dieser Geist kann genau wie der spirituelle Lehrer einmal inkarniert sein oder mehrere Male.

Er ist in seiner Entwicklung so weit fortgeschritten, dass er nach seiner Vollendung als Schutzgeist über einen Menschen „wachen“ darf.
Ein Schutzgeist oder Engel ist seit der Geburt an der Seite seines Menschen. Er kennt das Lebensmuster, dass sich der Mensch vor seiner Reinkarnation ausgesucht hat und weiß, wann er eingreifen muss oder wann nicht. Ein Schutzgeist darf uns keine Erfahrungen nehmen, sondern nur dafür sorgen, dass wir unseren eigenen Plan erfüllen.

Die folgenden Geschichten zeigen, was damit gemeint ist:
Karla hatte ihren Motorradführerschein gerade einen Tag, als sie ihrer Clique auf ihrer Bundeswehr Maico hinterher fuhr. Sie war noch sehr unsicher und wollte den Anschluss nicht verlieren. Nachdem die anderen schon längst außer Sicht waren, gab sie Gas, um die anderen einzuholen. In der nächsten Kurve passierte es dann. Da sie zu schnell war, kam sie in der Kurve aus ihrer Fahrbahn und fuhr frontal auf einen entgegenkommenden PKW zu. Sie sah sich schon an der Windschutzscheibe kleben, aber wie durch eine fremde Macht fuhr ihr Motorrad links die Böschung hoch und kippte um. Der PKW stand unten auf der Straße direkt neben ihr, und der Fahrer sah mindestens genauso erleichtert aus wie sie. Bis auf einen Schreck war niemandem etwas passiert.

Amanda erzählte mir von ihrem Engel, der weiblich aussah und lange, helle Haare hatte. Dieser Engel nahm sie früher, als sie ein kleines Mädchen war, an die Hand, wenn sie von ihrem Vater missbraucht worden war. Sie schwebten dann gemeinsam durch die Lüfte, schauten nur ein einziges Mal auf das Geschehen zurück und verschwanden in anderen Sphären (zum Beispiel spielten sie auf einer grünen Wiese mit vielen bunten Blumen), aus denen sie am liebsten gar nicht mehr zurückgekommen wäre.

Was man im Umgang mit Geistern beachten sollte

Wer sich auf das Terrain des Spiritismus begibt, sollte dies ohne Furcht tun. In den allermeisten Fällen gibt es keine furchterregenden Geschichten, wenn man das Ouija Brett befragt. Ich hoffe, ich habe dich jetzt nicht enttäuscht.

Es gibt eine ganz einfache Faustregel: „So wie man in den Wald hineinruft, schallt es auch wieder heraus."

Wenn du dich entschließt, eine Séance durchzuführen, dann gestalte das so, als würdest du einen liebgewonnenen Freund / Freundin dazu einladen. Sorge für eine angenehme Atmosphäre, besorge Blumen, etwas zu Essen oder Alkoholisches für deinen Gast.
Geister mögen Schnaps und Tabak.
In einem der Bände „Magic Circle" von Isobel Bird befand eine angehende Wicca Hexe, dass die Götter und Geister des Santeria[8] sich sehr ungesund ernähren.

Betrachte die Geister nicht als Feinde, Gegner oder als potentielle Mörder. So will niemand behandelt werden. Wenn du zum Beispiel deine verstorbene Oma um einen Gefallen bitten möchtest, dann tue das mit Liebe im Herzen und nicht mit der Furcht, sie könne dir den Kopf abreißen, weil du sie vielleicht mal angelogen hast.

Geister sind auch nur Menschen[9], schrieb einmal Dr. Walter von Lucadou, Leiter der Parapsychologischen Beratungsstelle in Freiburg. Mit diesem Gesichtspunkt ist es einfacher sich auf die Geisterwelt einzulassen.

---

8 Santeria, eine Religion, die sich in Amerika aus den Wurzeln des afrikanischen Glaubens (Yoruba/Voodoo) mit dem Katholizismus vermischt hat.

9 „Geister sind auch nur Menschen" ist der gleichnamige Titel seines Buches, Herder Verlag sowie TV Sendung.

Wie werde ich einen unerwünschten Geist wieder los?

Wenn du spürst, dass sich ein Geist zu wohl bei dir fühlt und du dich belästigt fühlst, ist es an der Zeit, etwas dagegen zu tun.
Natürlich kannst du gleich zu Anfang einer Séance dafür sorgen, dass deine Schutzgeister unerwünschte Geister fernhalten.
Aber manchmal zeigen sich solche Geister erst später. Sie können auch schon immer Bewohner des Hauses gewesen sein, in dem du lebst. Sie sind meistens erdgebundene Geister, die ihren Weg ins Jenseits noch nicht angetreten haben. Aber sie haben endlich jemand gefunden, der sich der Geisterwelt geöffnet hat.

Die nächste Frage wäre, woran man überhaupt bemerkt, dass man besessen ist bzw. besetzt worden ist.
Zum einen können Dinge passieren, die du selbst als ungewöhnlich einstufst: Gläser fallen dir aus der Hand, das Essen auf den Boden, du stößt dich immer wieder an der gleichen Stelle, hast häufig kleinere Unfälle etc.
Zum anderen kann sich das bemerkbar machen, in dem dich Kleinigkeiten auf die Palme bringen und du unangemessen auf einige Situationen reagierst – sofern dieses Verhalten für dein Wesen absolut untypisch ist. Andere machen dich auf dein unmögliches Benehmen aufmerksam und sagen: Das ist nicht mehr unsere liebe Lisa... oder: Ist Lisa etwa von allen guten Geistern verlassen?

In einem anderen Fall war nicht Zorn Anlass zur Sorge, sondern eine Depression. Wenn du sicher gehen kannst, dass du keine Hormonstörung hast oder ein schlimmes Erlebnis Auslöser ist, wird es die Traurigkeit eines Geistes sein, die du so stark spürst. So etwas kann einen sensiblen Menschen sehr herunterziehen.

Dann gibt es noch die Menschen, die sich nicht mit ihren Problemen auseinandersetzen und stattdessen zur Flasche oder anderen Drogen greifen. Entweder sind diese bereits Opfer eines oder mehrerer Geister oder haben zumindest jetzt gute Chancen eines zu werden. In diesem Fall kann man die Geister natürlich nur loswerden, in dem man als ersten Schritt wieder clean wird.
Eine weitere gefährdete Spezies sind Menschen, die glauben, sich unsterblich verliebt zu haben. Sie lassen keine Gelegenheit aus, um dem Opfer ihrer Begierde lästig zu fallen. Wenn so etwas zur Manie wird, kann das für alle Beteiligten recht gefährlich werden. Hier hilft allerdings nur ein Exorzismus eines erfahrenen Mediums.

Jetzt kannst du vielleicht verstehen, wieso Drogenabhängige und Stalker nicht an einer Séance teilnehmen sollten.

Sollte einer der harmloseren erstgenannten Fälle auf dich zutreffen oder auf eine Freundin, dann beachte bitte den folgenden Grundsatz:
„Ruhe bewahren!“
Kein Geist wird dich umbringen oder in die Psychiatrie bringen wollen, wenn du offen für ihn bist. Viele Geister brauchen einfach nur eine kleine Anleitung und auf jeden Fall viel Liebe. Es ist tragisch, wenn jemand hier „festgehalten“ wird. Man kann ihm helfen, sein Anliegen zu einem Ende zu bringen. Dann hat sich seine Erdgebundenheit erledigt.
Nimm´ bewusst Kontakt zu ihm auf, in dem du das Ouija Brett benutzt. Frage ihn, was er wünscht. Mache ihn darauf aufmerksam, dass er bei dir nichts zu suchen hat. Entweder kannst du ihm helfen, auf die andere Seite zu gelangen oder du bittest seine bereits verstorbenen Angehörigen oder ein Medium darum.
Wenn du dich selbständig an diese Aufgabe machen möchtest, beachte bitte, dass Folgendes viel Erfahrung und Wissen um die Geisterwelt erfordert. Wer einfach nur mal so einen Geist in die andere Welt geleiten oder gar begleiten will, kann den Augenblick verpassen, wieder in die eigene Welt zurück zu kehren.

Um einem Geist zu erklären, dass er tot ist und auf die andere Seite zu gehen hat, mag eine ungewöhnliche Aufgabe für dich sein. Du kannst dem Geist erklären, was er ist und wie das ausschaut, wo er hingehen muss.
Das könnte wie folgt aussehen:
Du beginnst eine Séance, wie du es gewohnt bist. Für alle Fälle bereite bitte eine Schutzräucherung[10] vor.
Wenn du an deinem Brett sitzt, kannst du anfangen:
„Lieber Geist, es tut mir sehr Leid, dir mitteilen zu müssen, dass dein Geist zwar noch sehr lebendig ist, aber dein Körper nicht. Wann war der Zeitpunkt, an dem sich alles für dich verändert hat?“
Antwort abwarten. Bei Unklarheiten bitte unbedingt nachfragen, wie, weshalb und warum.
„Hast du dich nie gefragt, warum sich etwas verändert hat?“
Antwort abwarten und gegebenenfalls wieder nachfragen.

---

[10] 2 Teile Eukalyptus, 1 Teil Baldrianwurzel und 1Teil Kreuzkümmel, miteinander vermischen und nur bei hartnäckigen Geistern abbrennen.

„Ich muss dir sagen, dass ich viel Verständnis für deine Geschichte habe. Das einzige, das ich jetzt für dich tun kann, ist deine verstorbenen Angehörigen zu bitten, dir die Hände zu reichen, damit du mit ihnen mitgehen kannst. Bei mir kannst du nicht bleiben. Allerdings würde ich mich freuen, wenn du mich nach deiner Reinigung kontaktierst und mir sagst, wie es dir geht.
Hast du schon den Tunnel mit dem Licht gesehen?"
Antwort abwarten.
Sollte der Geist verständig sein, was in den meisten Fällen so ist, fragst du nach den Namen seiner Angehörigen.
„Bitte nenne mir Namen von Verstorbenen, die du besonders gern hattest."
Antwort abwarten.
Rufe jetzt die Angehörigen:
„(Name der Angehörigen), bitte kommt herbei. (Name des anwesendes Geistes) ist nun bereit mit euch zu gehen. Bitte gebt mir ein Zeichen für eure Anwesenheit."
Antwort abwarten.
„Ich bedanke mich bei euch und wünsche euch eine gute Reise in eure Welt. Möge Frieden und Stille euch begleiten."

Jetzt kommt der Fall, dass der Geist immer noch seine Wut, Angst, Depression und Eifersucht mit sich herum schleppt und nicht einsehen will, dass er bei dir nichts verloren hat.
„Wenn du nicht einwilligst, mich und diese Welt zu verlassen, muss ich andere Seiten aufziehen."
Antwort abwarten. Spätestens jetzt muss entweder eine Einwilligung kommen oder du brennst eine Schutzräucherung ab und sagst dreimal:
„Geh´ weg von mir. Gehe in deine Welt."
Abschlusssatz: *„So sei es und so soll es sein."*

Danach beende die Séance, reinige den Raum mit Salzwasser und lüfte ausgiebig.
Sollte der Geist innerhalb von 49 Tagen noch einmal unangenehm auffallen, was ich nicht hoffe, wäre dies ein Fall für ein erfahrendes Medium.

Wenn du dir absolut nicht sicher bist, wie du einen Geist dazu überreden kannst, zu den Seinen zu gehen, dann bitte eine Göttin oder einen Gott darum. Wähle dir eine Gottheit, die mit den Toten zu tun hat, zum Beispiel meine bevorzugte Isis (oder ihr Mann Osiris), die griechische Hekate oder die germanische Freyja. Alle haben die Fähigkeit, den Seelen auf dem Weg in die Unterwelt / das Jenseits / das Sommerland zu begleiten.

Eine Anrufung könnte wie folgt lauten:
„Freyja, Wächterin der toten Krieger, bitte befreie diesen Geist (evtl. Namen des Geistes) von seinem erdgebundenen Schicksal und nimm ihn in deine Gefilde auf."

Du kannst auch einen Brief an deinen Schutzgeist schreiben. Fordere ihn dazu auf, den Schutzgeist des Verstorbenen bei diesem Vorhaben zu unterstützen. Manchmal sind Schutzgeister mit ihren Schützlingen etwas überfordert. Sie können eigentlich nur dann Einfluss nehmen, wenn man darum bittet oder man sich in unmittelbarer Gefahr befindet.
In diesem Brief könnte Folgendes stehen:
„Lieber Schutzgeist, in diesem Brief bitte ich dich darum, diesen erdgebundenen Geist von seinem leidigen Schicksal in meiner Welt zu befreien.
Nimm bitte Kontakt zu dem Schutzgeist der Seele auf und vollbringt die Aufgabe gemeinsam.
Zeig ihm das Licht, in das er gehen muss. Zeig ihm liebe Verwandte, die bereits auf ihn warten.
Ich danke dir."
Folgende Methode ist nur etwas für wirklich magisch und medial erfahrene und begabte Menschen:
Diese Séance wird ohne Ouija Brett durchgeführt. Wenn du es gewohnt bist, Rituale zu zelebrieren, dann bitte deinen Schutzgeist um Unterstützung bei diesem Ritual (siehe Anrufungen). Zünde etwas Weihrauch an, um dich auf die Meditation einzustimmen und die Schutzgeister anzuziehen.
Du begibst dich nun in eine Meditation und stellst dir vor, wie du dem Geist deine Hand reichst. Unterhalte dich mit ihm (oder ihr). Sage ihm, dass du ihn schon eine Weile spürst. Frage ihn nach seiner Geschichte, zeige ihm dein Interesse an seinem Schicksal. Dann teile ihm mit, was mit ihm los ist, und dass du ihm heute dabei behilflich sein wirst, den Weg ins Sommerland zu finden.
Wenn er seine Einwilligung gibt, beschreibe ihm die Reise, die ihr nun gemeinsam unternehmen werdet:
„Wir gehen über eine Wiese. Viele Blumen säumen unseren Weg. Die Sonne scheint vom Himmel und Bäume sind in der Ferne zu sehen. Wir fühlen uns frei und ungebunden. Es geht uns gut. Wenn wir weitergehen, kommen Nebel auf. Es ist der Nebel, der uns von der anderen Welt trennt. In dem Nebel sind freundliche Gesichter zu sehen, die dir bekannt vorkommen. Du erkennst in ihnen, geliebte Menschen, die vor dir gegangen sind und nun auf dich warten. Wir stehen mitten im Nebel, und ich übergebe deine Hand dem geliebten Wesen von der anderen Seite. Sei gesegnet und beschützt."

Jetzt musst du dich umdrehen, über die Wiese gehen und wieder in deine Welt zurückkehren. Beende die Meditation und das Ritual und nimm eine ordentliche Mahlzeit zu dir.

Wenn du nicht so Wicca angehaucht bist, beschreibe ich dir noch eine andere Reise:
„Wir befinden uns in einem hellen, farbenprächtigen Raum. Wir fühlen uns wohl und es geht uns gut. Ich werde nun das Licht dimmen, bis es schließlich ganz dunkel ist. An einer Stelle vor uns ist ein kleines weißes Licht zu sehen. Wir gehen darauf zu, bis es so groß ist, dass du ohne weiteres hindurch gehen kannst. Du siehst eine oder mehrere Personen, die du kennst, aus dem Licht auf dich zugehen. Du freust dich, sie zu sehen, und fühlst, dass du bald wieder zuhause bist. Wir lächeln uns alle an und trennen uns an dieser Stelle."
Betätige bitte wieder den Dimmer, bis es wieder ganz hell in diesem Raum ist. Beende die Meditation und gönne dir etwas Schönes zu essen.

Sollte es bei dieser Methode zu Schwierigkeiten kommen, kannst du auch während der Reise eine Göttin / einen Gott um Hilfe bitten. Sie / er wird dir helfen, bis der unerwünschte Geist endlich zu den Seinen geht.

Oder mache es wie Ninas Mutter:
Nina erzählte mir von einem Geist, der wie ein Schatten aussah und vor dem sie große Angst hatte. Er lebte im Keller ihrer Eltern. Als sie eines Tages nach Hause kam, sah sie den Schatten, wie er sich in einen Mann verwandelte und im Keller durch die geschlossene Tür verschwand. Kurz darauf wollte die Mutter sie in den Keller schicken, aber sie protestierte und fing an zu weinen. Da nahm die Mutter sie an die Hand, ging mit ihr in den Keller und brüllte: "Stell dich nicht so an, da ist niemand!" Da hat sich der Geist wohl so erschrocken, dass er sich nie wieder blicken ließ.

Natürlich können Menschen selbst diese Dinge auslösen, die sie dann Geistern zuordnen. Wenn ein Mensch zuviel Energie abstrahlt, kann diese ebenso dazu führen, dass sich etwas wie von Geisterhand bewegt. Es gibt auch Menschen, die eine sehr schlechte Konzentration haben und glauben, dass ihre kleinen oder großen Missgeschicke durch Geisterhand passieren. Um sicher zu gehen, was oder was hier wirklich am Werk ist, hilft es, den eventuell anwesenden Geistern mitzuteilen, dass sie ihren Blödsinn jetzt sein lassen können. Gib ihnen eine kleine Gabe und schon in Kürze solltest du deine Ruhe haben. Ist das nicht der Fall, bist du selbst der Verursacher und solltest dir mal eine Pause gönnen und in dich hineinhorchen.

Die Goldenen Regeln

1. Befrage das Brett niemals alleine, wenn du noch keine Erfahrungen damit hast.
2. Schaue vor einer Séance keine Horrorfilme oder Nachrichten (das gilt auch für das Lesen von alptraumverursachenden Büchern)
3. Reinige vor der Befragung deine Gedanken, indem du deine Alltagssorgen loslässt. Denke einfach an etwas Schönes, das an diesem Tag passiert ist.
4. Nehmen mehr als zwei Personen (vier ist so meine persönliche Obergrenze) an der Sitzung teil, schließe Menschen mit negativen Energien (Kriminelle, psychisch Kranke, Süchtige, Gewalttäter etc.) aus.
5. Stelle alle störenden Einflüsse vor der Befragung ab: Telefon, Klingel, Fernsehen etc.
6. Befrage das Brett nur, wenn es dir gut geht, und keinesfalls, wenn du wütend auf jemanden bist.
7. Befrage das Brett niemals unter Alkohol- oder Drogeneinfluss oder wenn du Angst hast.
8. Solltest du während einer Séance Angst bekommen, verabschiede dich von dem anwesenden Geist, danke ihm und brich die Sitzung sofort ab.
9. Behandle dein Brett und die Geister mit dem Respekt, den du dir auch für selbst erwartest.
10. Befiehl deinem Brett oder den Geistern niemals irgendetwas zu tun! Es bzw. sie sind lediglich dafür da, deine Fragen zu beantworten. Deine Probleme musst du schon selber lösen und Zauber auch selber durchführen.
11. Das Brett zu befragen ist kein Party-Gag. Wenn du ernsthafte Antworten erwartest, musst du auch mit Ernsthaftigkeit daran gehen.
12. Halte deine Fragen kurz und präzise, um die Geister nicht zu verwirren. Am besten fängst du mit Fragen an, die mit “Ja” oder “Nein” beantwortet werden können.
13. Bekommst du einmal keine Antwort, dann versuche es auch nicht auf “Teufel komm raus”. Um das Orakel oder den Geist nicht überzustrapazieren, sollte jede Frage nur einmal gestellt werden. Wenn du etwas nicht verstanden hast, kannst du natürlich nachfragen.
14. Es gibt übrigens auch Dinge, die du erst später, nach einer gewissen Entwicklung, erfahren darfst.
15. Solltest du nur unsinnige Antworten erhalten, kann es sein, dass dich ein Geist narren möchte. Bitte ihn, sich wieder zu entfernen. Geht er nicht,

beende einfach wie gewohnt die Sitzung und versuche es ein anderes Mal erneut.

16. Befrage einen Verstorbenen erst nach einer Frist von 49 Tagen nach seinem Tod. Ansonsten riskiert du, dass er erdgebunden bleibt.
17. Die Länge einer Séance richtet sich nach deiner Befindlichkeit oder wenn sich der Geist verabschiedet.
18. Es kann sehr erschöpfend sein, für dich und den Geist. Sollte dir schwindelig werden, starke Kopfschmerzen oder Konzentrationsprobleme auftreten, beende bitte die Séance.
19. Wenn sich der Geist verabschiedet, akzeptiere bitte seine Entscheidung und setze die Séance an einem anderen Tag fort. Danke dem Geist in jedem Fall für sein Erscheinen.
20. Zeitlich gesehen, kann eine Séance 5 Minuten dauern oder auch maximal eine Stunde.

Zeit für eine Séance

Eine Séance kann zu jeder Tages- und Nachtzeit durchgeführt werden. Die Geister brauchen keinen Schlaf und kennen weder Zeit noch Raum. Sie können in Sekundenschnelle, oder sollte ich besser sagen in Gedankenschnelle, überall auf der Welt oder im Universum sein.
Das können wir Lebenden mit unserem eigenen Geist ebenfalls. Ich stelle mir oft vor, dass ich am Meer sein möchte und schon bin ich auch mit oder in meinem Geiste dort. Dort angekommen, fühle ich den Wind, schmecke das Salz auf den Lippen und höre den Wellen und Möwen zu.

Einige Menschen, die egal, was sie tun, immer ein wenig ängstlich sind, sollten vielleicht die Tageszeit für eine Séance nutzen. Wenn du danach noch etwas tun möchtest, lenkt es dich von der Sitzung etwas ab.
Wenn du in der Stadt lebst, ist eine gute Zeit die Mittagszeit zwischen 13 – 15 Uhr, weil nicht so viele Menschen unterwegs sind, sondern zu Hause essen oder einen Mittagsschlaf halten.

Ich bevorzuge die Morgen- oder Abenddämmerung, weil es die Zeit „dazwischen" ist. Dies auch eine günstige Zeit, um Naturgeister zu rufen.
Nachts ist es häufig etwas unheimlich, wenn man mit dem Brett zum ersten Mal arbeitet. Als ich das erste Mal nachts eine Séance abgehalten hatte, ging ich danach sofort ins Bett (meine Matratze liegt direkt auf dem Boden).
Ich lag schon eine Weile dort und plötzlich hörte ich leise Tapser auf dem Laminatboden. Zuerst dachte ich, einer meiner Kater wäre ins Zimmer gekommen, aber ich sah keinen.
Dann wurde es an meiner linken Seite (Kopf, Hals, Arm), die zum Zimmerinneren lag, so richtig kalt. Ich bekam Angst, weil ich das Ganze nicht einordnen konnte. Bisher waren meine Geistkontakte immer angenehmer Natur.
Ich bewegte mich nicht, aber auch die Kälte ging nicht weg. Da dachte ich, wenn ich jetzt Angst zeige, kann ich meine Geisterstudien vergessen. Also wartete ich ab, was passiert. Die Kälte blieb und ich fragte, ob jemand da sei. Ich bekam keine Antwort und schlief irgendwann ein. Als ich nachts einmal auf die Toilette ging, war die Kälte nicht mehr so ganz intensiv und morgens war sie dann ganz weg.
Als ich ein paar Tage danach mein Brett befragte, bekam ich nur die Antwort: TEST BESTANDEN. Da hatten meine Geister ausgetestet, ob ich für die Geisterwelt und weitere Abenteuer bereit bin.
Eine nächtliche Séance hat für mich aber immer noch *die* romantische und gemütliche Komponente. Mit mehreren Leuten bei Kerzenschein eine Séance

abzuhalten, das hat richtig Atmosphäre und Stil. Zu dieser Zeit hat sich das städtische Leben um einen herum beruhigt, viele Menschen schlafen schon, nur sehr wenige Autos sind noch unterwegs, und die Botschaften können einfacher zum Ouija Brett kommen.

Außerdem kann es vorkommen, dass es danach noch weitere Antworten in deinen Träumen gibt. Manche Geister bevorzugen auch den Weg, mit dir während deines Schlafes zu kommunizieren. Das hängt damit zusammen, dass dein Geist sich frei von Zeit und Raum bewegen kann, während der Körper sich ausruht. So können wir uns leichter telepathisch mit dem anderen Geist unterhalten.

So einen Fall hatte ich mal nach einer Sitzung. Allerdings ging es in dieser Sitzung gar nicht um den im Traum aufgetauchten Geist:

Ich träumte mit Mariusz′ schon vor Jahren verstorbenen Großvater zusammenzusitzen. Wir tranken Wodka und rauchten. Beides tue ich im normalen Leben nicht und der Großvater hatte nie geraucht. Als Geist lieben wir die Essenzen von Alkohol und Tabak; sie können uns ja auch nicht mehr schaden. Er hatte mich unter einem dornigen Busch in sein Reich gezogen. Er war verzweifelt darüber, wie er seinen Enkel als fünfjährigen Jungen misshandelt hatte. Zudem bedaure er es sehr, dass er ihm nicht richtig hatte zeigen können, dass er ihn liebt. Es war in dieser polnischen Familie nicht üblich, sich in den Arm zu nehmen.

Er wollte sich dafür entschuldigen, weil er nun Dinge weiß, die ihm damals nicht bewusst waren.

Es ging dabei um eine Geschichte im Sommer, als ich Mariusz und seinem Freund eine große Waschschüssel mit Wasser und jedem eine Spritze auf die Gemeinschaftswiese stellte. Ich hatte auch eine Spritze und wir spritzten uns gegenseitig richtig nass. Irgendwann war Mariusz so nass, dass er sich auszog. Er sprang schreiend vor Vergnügen und nackt durch die Gegend. Das rief seinen Großvater auf den Balkon, der dafür kein Verständnis zeigte und dem kleinen Mann zu verstehen gab, wenn er sich nicht sofort wieder anzieht, dass es dann etwas hinter die Löffel gibt. Natürlich gab es etwas hinter die Löffel und abends noch was auf die Löffel, als die gestrenge Tante, die Schwester des Großvaters, ihm lauthals das Vaterunser in einigen Wiederholungen vorbetete.

Leider wohne ich nicht mehr in dem Haus, in dem Mariusz lebt, aber wenn ich ihn mal treffe, werde ich ihm sagen, dass es seinem Großvater gut geht und er ihn nun beschützt.

Experimentiere doch einfach ein wenig herum und bleibe dann deiner Lieblingszeit treu. Bei einem festen Rahmen und einer eingespielten Zeit wirst du die besten Ergebnisse erzielen (siehe Ouija Tagebuch).

Wie kann ich mich bei Séancen vor unerwünschten Geistern schützen?

Der erstbeste Schutz vor dem Unbekannten und der damit verbundenen Angst ist, sich mit ihm auseinander zu setzen. Lerne in diesem Fall das Ouija Brett und das Wesen der Geister kennen. Wenn dir dieses Buch nicht reicht, nimm dir die Bücher aus dem Anhang vor. Angst entsteht ja eigentlich nur dann, wenn ich unsicher und nicht ausreichend informiert bin. Mach dir vor allem selbst ein Bild und lass dir keine Horrormärchen erzählen.
Wissen ist Schutz und Macht zugleich! Es beschützt dich vor Problemen und es ist beim Ouija Brett genauso wie bei vielen anderen Dingen auch: Gebrauchsanleitung lesen, wenn man sich auf unbekanntes Territorium begibt. Niemand kann ein Auto reparieren, wenn er keine Ahnung von Motoren hat. Wenn du dich auf fremdes Terrain begibst, musst du darüber etwas lernen und auch deine Erfahrungen machen.

Der zweitbeste Schutz ist, sich beherzt und ehrlich mit sich und anderen auseinander zu setzen und das Leben vielleicht auch nicht immer so furchtbar ernst zu nehmen, sprich: nicht aus jeder Mücke einen Elefanten machen. Wenn du in manch unangenehmer Situation etwas Komisches entdecken kannst oder auch über dich selbst lachen kannst, hast du eigentlich allen Schutz, den du brauchst. Man muss einfach nur lernen, zu sich und seinen Handlungen zu stehen, mit anderen Worten, dir ist nichts mehr peinlich. Lass einfach dein eigenes Licht strahlen.
Das gilt übrigens nicht nur für Séancen, sondern für dein ganzes Leben.

Während ich dieses Kapitel schrieb, las ich das Buch „Don´t call them ghosts“ von Kathleen McConnell.
Dort kam eine Textstelle vor, die hier sehr gut passt: Die Mutter der Autorin machte nach dem Tod ihres Mannes Bemerkungen darüber, dass ihr Mann sie besucht. Darauf sagt ihre Tochter: “Okay Mutter, ich nehme an, dass Daddys Geist wieder zurück im Haus ist. Hast du Angst vor ihm?“
„Ich habe Angst vor Gespenstern, Kathleen.“
„Nenne ihn nicht Gespenst, Mutter. Wir sprechen über den Geist von Dad. Du warst mit ihm 48 Jahre lang verheiratet. Hattest du jemals Angst vor ihm, als er noch lebte?“
Vielleicht ist der letzte Satz genau der Schlüssel, Ängste abzulegen, die einfach nicht nötig sind. Viele Menschen rufen ja ihre Verwandten um Rat, warum sollten sie plötzlich gefährlich geworden sein, nur weil sie ihre Daseinsform geändert haben?

Für Menschen, die auf Nummer sicher gehen möchten, gibt es Schutzmechanismen, die ich bei magischen Ritualen anwende oder bei Krankheit und zuviel Stress.

Das Ei

Stelle dir vor, dass du in einem Ei sitzt. Das Licht kann von draußen einfallen. Du fühlst dich geborgen, weil du genau weißt, dass nur Energien durch die Schale kommen, die du dir wünschst.

Der Spiegel

Stelle dir vor, dass sich ein Spiegel (Spiegelfläche nach außen) von deinen Füßen aufwärts bis über deinen Scheitel an dir ausbreitet. Die angenehmen Energien gibt dieser Spiegel an dich weiter, die anderen prallen ab.

Licht und Liebe

Du sagst dreimal „Licht und Liebe". Dabei stellst du dir vor, wie sich der gesamte Raum mit hellem, weißen Licht füllt. Da haben unerwünschte Energien keine Chancen mehr.

Schutzkreis

Bevor du eine Anrufung aussprichst, kannst du in Gedanken einen so genannten Schutzkreis um dich ziehen, den du allerdings nach der Séance auch wieder öffnen musst. Füll ihn imaginär mit weißem oder blauem Licht.
Er bietet dir Schutz vor Geistern, die dich täuschen wollen. Außerdem ist es sinnvoll, wenn man seinen Arbeitsplatz abgegrenzt hat. So bekommt eine Séance einen festen Raum.
Du stellst die Grenzen des Kreises fest, zum Beispiel:
„Ich ziehe einen Schutzkreis um dieses Zimmer / diese Wohnung".
Danach sprichst du die Anrufung der Geister, Schutzgeist und / oder Göttin aus.
Nach der Anrufung bzw. den Anrufungen sagst du:
"Ich schließe nun den Kreis".
Dann befragst du dein Brett.
Nach Beendigung der Séance sagst du:
„Ich öffne nun den Kreis."

Schutzgeistanrufung

Du kannst deinen Schutzgeist, spirituellen Führer oder Schutzengel anrufen, der dich während der Séance beschützt oder vielleicht sogar auch führen soll.

„Ich rufe dich, lieber Schutzgeist (bzw. Name des spirituellen Führers oder Engels).
Begleite mich durch diese Séance und halte deine schützende Hand über mich.
So soll es sein."

Nach der Befragung bedankst du dich bei ihm oder ihr und sprichst:
"Vielen Dank für dein Kommen und deine Hilfe. Ich gebe dir Frieden mit auf dem Weg zurück in dein Reich. So soll es sein."

Göttinnen Schutzanrufung

„Diana[11]*, Göttin der Hexen, Beschützerin des Lebens, ich rufe dich. Segne und beschütze mich für die Dauer der Séance. So soll es sein."*
Nach der Befragung bedankst du dich:
„Diana, Göttin der Hexen, Beschützerin des Lebens, habe Dank für deinen Schutz und deinen Segen. So sei es."

Amulette

Einige dieser machtvollen Zeichen können auch Anwendung auf oder unter dem Ouija Brett selbst finden.
Je nach Glauben kannst du für deinen Schutz folgendes Amulett umhängen:

- Das Horus Auge oder Ankh Kreuz für Ägyptenfans
- Ein Pentagramm mit der Spitze nach oben für Hexen
- Ein Kreuz für Christen
- Das Blaue Auge aus der Türkei (es wirkt gegen den Bösen Blick)
- Die Rune Elhaz für Asatru
- Das Cimaruta für die Strega aus Italien
- Die Fatima Hand aus dem Orient
- Das keltische Triskell
- Ein Erbstück (zum Beispiel der Ehering deiner Urgrossmutter oder -tante)
- Es gibt auch verschiedene Erzengel-Amulette und Drachenschmuck.

[11] Wenn dir eine andere Göttin / ein anderer Gott näher steht, dann wähle sie / ihn und schreibe den Text einfach um.

Um das Amulett vor einer Séance zu aktivieren, kannst du es entweder durch die Schutzräucherung führen oder es küssen, bevor du es dir um den Hals hängst.

Was tun bei magischen Unfällen?

Unter Umständen kann es bei Séancen vorkommen, dass jemand der Anwesenden zuviel Energie abbekommt. Schließlich kommen einige Menschen und Geister zusammen. Wer sich medial ohne Ouija Brett mit Geistern unterhält, muss seine Energie erhöhen, was in der Regel eher erschöpfend ist. Aber es kann auch vorkommen, dass das Gegenteil eintritt.

Erhöhte Energiezufuhr macht sich manchmal sofort während einer Sitzung bemerkbar, indem du einen erhöhten Puls bekommst, das Gefühl hast, keine Luft zu bekommen, oder sonst irgendwie „abhebst". Wenn sich davon etwas bemerkbar machen sollte, trinke sofort ein eiskaltes stark kohlensäurehaltiges Mineralwasser oder lege dir eine Vitaminbrause auf die Zunge.

Solltest du dich Stunden nach der Séance unerklärlich ruhelos, dich verfolgt fühlen oder nicht schlafen können, kannst du dich zum Beispiel ablenken, indem du TV schaust, nach deiner Lieblingsmusik tanzt oder Wechselduschen machst.

Zuviel Energie kann man auch loswerden, indem man kaltes Wasser über die Handinnenflächen fließen lässt.

Regeln für die Fragen an das Ouija Brett

Diese Regeln betreffen jede Séance. Mit diesen Regeln möchte ich dir zeigen, wie eine Séance mit Erfolg durchgeführt werden kann.

1. Ganz wichtig: klar und deutlich sprechen!
2. Es darf nur eine Person Fragen stellen. Wenn ihr zu mehreren seid, solltet ihr auslosen, wer als Erstes Fragen stellen darf, wer als Zweites, etc.
3. Die erste Frage sollte sein, als ob schon ein Geist anwesend ist.
4. Frage den Geist nach seinem Namen. Frage auch danach, ob mehrere Geister anwesend sind. Wundere dich nicht, wenn mehrere Geister gekommen sind. Sie lieben die Kommunikation.
5. Du kannst den Geist, wenn er dir unbekannt ist, nach seinem "Leben" fragen.
6. Frage ihn, ob du etwas für ihn tun kannst.
7. Frage ihn, ob er eine Botschaft für dich oder jemanden aus deiner Familie hat.
8. Du kannst ihn fragen, ob er dein geistiger Lehrer ist oder werden möchte.
9. Alle weiteren Fragen, die dich und dein Leben betreffen, ganz klar und unmissverständlich stellen. Es ist nicht nötig, lange auszuholen und zu erklären, worum es geht, da Geister Gedanken lesen können (wenn du es zulässt).
10. Wenn du eine wirklich erfolgreiche Séance durchführen möchtest, dann scheue dich bitte nicht, bei Unklarheiten nachzufragen.
11. Auf die Frage "Wann werde ich oder ... sterben?" wirst du aus verschiedenen Gründen keine Antwort bekommen. Als Kartenlegerin bekomme ich auch oft die Frage gestellt, wann denn nun endlich der reiche Heini stirbt. Wer aus Gewinnsucht oder einfach nur just-for-fun solche Fragen stellt, muss sich damit abfinden, dass das gegen Ethik verstößt. Und die kennen auch die Geister.
12. "Wann gewinne ich im Lotto?" ist auch eine der Fragen, über die sich die Geister streiten. Wundere dich nicht, wenn du auf solch eine Frage eine lustige Antwort erhältst.

Ich habe mal jemanden kennen gelernt, der seit vielen Jahren ein Ouija Brett mit Lotto Segment besitzt. O.K. einen Versuch ist es vielleicht wert, aber geklappt hat es bei ihm noch nicht. Bei den verschiedenen Themen von Séancen werde ich weitere Fragen angeben.

Vorbereitungen für eine Séance

Was du alles für eine Séance benötigst und worauf du achten solltest:

1. Eine zusätzliche Person, die Botschaften mitschreibt und / oder einen Kassetten- oder Camcorder (am besten mit Stativ) zum Aufnehmen. Ich verwende gerne mein Diktiergerät mit sprachgesteuerter Aufnahmefunktion. Dieses Gerät nimmt nur dann auf, wenn ich etwas sage.
2. Die schreibende Person kann sich, wenn genug Platz ist, mit an den Tisch setzen und ihre Schreibutensilien darauf legen. Sollte der Tisch zu klein sein, setzt sie sich etwas versetzt hinter zwei Personen, so dass sie immer noch einen guten Blick auf das Brett hat. Das Schreibzeug hat sie auf dem Schoß, am besten mit einer festen Unterlage (Tablett / Klemmbrett).
3. Sie schreibt nur auf und mischt sich nicht mit in die Séance ein!
4. Wenn ihr lieber mit einem Camcorder arbeitet, sollte dieser auf einem Stativ befestigt sein und nahe an den Tisch gestellt werden. Bei der Aufnahme ist es wichtig, dass das Mikrofon so eingestellt wird, dass jeder Teilnehmer gleich gut aufgenommen werden kann. Das Objektiv der Kamera selbst sollte in der Hauptsache auf das Brett zeigen – für den Fall, dass mal jemand seine Botschaften nicht richtig deutlich ausspricht.
5. Das Diktiergerät oder der Kassettenrecorder muss mit auf dem Tisch stehen, damit das festeingebaute Mikrofon auf die Teilnehmer ausgerichtet werden kann. Wer ein externes Mikro hat, kann den Apparat auf ein Beistelltischchen stellen und nur das Mikro auf den Tisch stellen.
6. Wer sich für die technischen Geräte entscheidet, sollte vor der Séance eine Stimmprobe machen und gegebenenfalls die Bänder und Batterien überprüfen.
7. Einen Spiralblock, da sich die Seiten schnell, auch mit nur einer Hand, umblättern lassen. Die Seiten bleiben dann wenigstens auch umgeblättert.
8. 2 – 3 angespitzte harte Bleistifte, falls mal einer abbricht (bitte nur eckige Bleistifte verwenden, die runden rollen schnell mal weg)
9. Sphärische Musik oder einen Zimmerbrunnen – bitte nicht bei Aufnahmen mit dem Kassettenrecorder etc. verwenden.
10. Foto, handgeschriebener Brief oder Gegenstand der verstorbenen Person.
11. Amulett
12. Ein Glöckchen zum Rufen und Verabschieden der Geister.
13. Blumen; Geister lieben Blumen.

14. Kerzen[12] (egal, zu welcher Tages- oder Nachtzeit du eine Séance machst, Kerzen geben immer eine angenehme Atmosphäre).
15. Räucherstäbchen, Räucherwerk (Weihrauchharz, Salbei – das zieht die guten Geister an) oder eine Duftlampe.
16. Ein sauberes, fuselfreies (Mikrofaser-) Tuch, um das Brett zu reinigen.
17. Etwas zu trinken und zu essen, um sich nach der Séance zu erden.
18. So viele Stühle wie Teilnehmer und / oder einen Tisch .
19. Und natürlich dein Brett und die Planchette.
20. Des weiteren gehören folgende Handlungen zur Vorbereitung:
    a) Den Raum durchlüften, eventuell staubsaugen, wischen, Tisch abputzen, das Brett reinigen und auf dem Tisch platzieren.
    b) Blumen, Glöckchen, Schreibzeug, Recorder, Fotos etc. auf dem Tisch arrangieren.
    c) Händewaschen, gegebenenfalls Türen und Fenster schließen.
    d) Räucherwerk[13] und Kerzen anzünden.

---

12 Weiß für Schutz, Rosa für Freundschaft, Lila für Spiritualität, Rot für Liebe und Transformation, Schwarz für Magie (nein, nicht Schwarze Magie!)

13 In einem mit Sand gefüllten, feuerfesten Gefäß (z.B. Blumentopfuntersatz aus Ton) gibst du eine angezündete Räucherkohle. Darauf legst du etwas Weihrauch oder Kräuter. Die für Räucherungen speziell hergestellten Kohletabletten gibt es in jedem Esoterikladen. Gutes Weihrauchharz bekommst du in jeder Apotheke.

Verlauf mit zwei und mehr Personen

1. Sitzen zwei Personen an dem Brett, liegt das Brett entweder auf den Knien der beiden sich gegenüber sitzenden Personen oder sie sitzen sich am Tisch gegenüber, auf dem das Brett dann liegt. Wenn das Brett auf dem Schoß bzw. auf den Knien liegt, ist der Kontakt umso intensiver.
2. Bei mehr als zwei teilnehmenden Personen sitzen alle bequem an dem Tisch.
3. Wird ein Weinglas als Planchette verwendet, muss es zuvor über einer brennenden Kerze kurz gereinigt werden.
4. Zur Ruhe kommen – der einfachste Weg ist, zehn mal tief durchzuatmen und folgenden Spruch wiederholt aufzusagen: „Ruhe, Stille und Frieden."
5. Wenn es dir wichtig ist, kannst du nun deinen Schutzgeist herbeizitieren, dein Amulett umhängen oder in eine Hand nehmen. Du kannst das Amulett aktivieren, indem du es einmal küsst.
6. Wer es mag, kann einen Kreis ziehen und die Geister anrufen, indem er eine vorgegebene (siehe Anrufung) oder eigene Anrufung ausspricht. Danach wird das Glöckchen dreimal angeschlagen.
7. Die Teilnehmer legen jeder zwei Fingerspitzen (Zeige- und Mittelfinger) der einen Hand leicht auf die Planchette (die andere Hand auf das Brett, weil die Energie dann besser fließen kann), ohne Druck, damit sie sich auch bewegen kann. Dabei sollten die Ellbogen nach außen zeigen.
8. Jetzt darf die erste Frage gestellt werden. (Mehr über das Fragen in dem Kapitel „Fragen an das Ouija Brett").
9. Es wird ca. eine bis fünf Minuten dauern, bis sich die Planchette bewegt. Kommt es zu Anlaufschwierigkeiten, kann man sie in langsamen kreisenden Bewegungen über das Brett bewegen.
10. Wenn du mit den anderen Teilnehmern die Séance beenden möchtest, geht ihr einfach mit der Planchette auf "Good bye" und sagt es laut. Sollte ein Geist über die Planchette "Good bye" sagen, dann lasst ihn gehen.
11. Bedanke dich bei allen Wesenheiten, Schutzgeistern und Verstorbenen, die der Séance beigewohnt haben, für ihre Weisheit und ihren Rat (siehe Verabschiedungen). Gönnt ihnen noch eine Räucherung oder eine andere Gabe und gebt ihnen Frieden mit auf ihren Weg zurück.
12. Wenn du einen Kreis gezogen hast, musst ihn jetzt wieder auflösen.
13. Zum Schluss solltet ihr auf jeden Fall etwas essen und trinken, um euch wieder zu erden, um sich nicht so leicht wie ein Geist zu fühlen – noch seid ihr keine.

Tipps für eine Solo-Séance

Der Verlauf ist an sich der gleiche, wie bei Séancen mit mehreren Personen. Da es keinen Sinn macht, alles doppelt zu schreiben, möchte ich dir empfehlen, das Kapitel „Verlauf mit zwei oder mehreren Personen" ebenfalls zu lesen.
Es gibt einige Dinge bei einer Solo-Séance zu beachten, wenn man keine zusätzliche Person oder technische Hilfsmittel hat, die die Botschaften mitschreibt bzw. aufnimmt.
Wenn du alleine das Ouija Brett befragst, gibt es mehrere Möglichkeiten, damit während der gesamten Séance der Kontakt zu dem Brett aufrecht erhalten bleibt.
Folgende Möglichkeit funktioniert eigentlich nur, wenn du ein Brett aus Holz oder in einem rahmenlosen Bilderhalter in der Originalgröße verwendest. Du kannst dich im Schneidersitz auf dein Bett setzen und deinen Rücken an der Wand abstützen. Das Brett legst du auf die Knie (bei meiner Körpergröße von 1,66 m klappt das sehr gut).
Eine Hand (ob rechte oder linke entscheidest du, weil ich ja nicht weiß, ob du Rechts- oder Linkshänder bist) bleibt während des Ablaufes der Séance auf der Planchette, so dass du mit der anderen Hand die Botschaften aufschreiben kannst. Das sieht im Einzelnen so aus:
Du führst die Planchette immer mit beiden Händen, lässt dann aber mit einer Hand los, um die empfangenen Botschaften niederzuschreiben.
Natürlich braucht man eine feste Unterlage, zum Beispiel ein kleines Tischchen, einen dicken Katalog, ein Klemmbrett, das du an die Seite stellst, an der du schreibst.
Eine weitere Möglichkeit (wenn man nicht viel größer ist als ich und gerne auf dem Bett sitzt), die ich am liebsten praktiziere, ist ein Blanko Brett in 40 x 60 cm. Dort lege ich mein Ouija Brett in ca. 30 x 40 cm (Ich habe für mich festgestellt, dass ein kleines Ouija Brett für Solo-Séancen vollkommen ausreicht) auf.
So hat mein kleiner Schreibblock auch noch Platz und ich brauche keine extra Ablage neben mir. Natürlich liegen Ersatzbleistifte neben mir, falls mal einer abbricht. Das Licht lasse ich direkt von oben auf das Brett scheinen. Wenn dir das Brett zu hart auf den Knien ist, kannst du ein dünnes Kissen darunter legen.
Damit das Ouija Brett auf dem Brett nicht rutscht, kannst du es mit doppelseitigem Teppich Klebeband befestigen (was dann natürlich fest fixiert ist). Oder du klebst einen schmalen Rahmen aus Teppich, Holz oder Hartschaum auf das Blanko Brett, in den du das Ouija Brett legen kannst. Es reicht, wenn der

Rahmen nur an vier Stellen das Brett fixiert. Du brauchst keinen rundum Rahmen zu machen.

Natürlich kannst du dich auch an einen Tisch setzen, das Ouija Brett darauf legen und daneben deine Utensilien zum Mitschreiben. Der Kontakt zum Brett bleibt auf jeden Fall erhalten, wenn du immer eine Hand auf der Planchette lässt.

Geister Anrufungen und Verabschiedungen

Spiritualist Séance Invocation

(from "The Spirit Speaks! Weekly Newspaper 1901)

There is a land where we all go,
Whence ne`er the host nor cold wind blow,
And friends remembered reunite,
And those who hate, forget theis spite
In glow surround these gentle beings,
We call you now to bless our meetings,
Heaven`s promise, our spirits thrive,
So now for the living, let the dead come alive.
Greetings spirits, speak thee to us?

Und nun die deutsche Übersetzung:

Anrufung der Geister

Es gibt ein Land, in das wir alle gehen werden,
Wo niemals feindlicher noch kalter Wind weht,
Wo Freunde sich wieder treffen und vereinigen.
Und jene, die hassen, vergesst eure Boshaftigkeit
In der strahlenden Aura dieser freundlichen Wesen.
Wir bitten euch, nun unser Treffen zu segnen,

Des Himmels Versprechen, unser Geist wird erblühen

Und nun ihr Lebenden, lasset die Toten lebendig werden.
Wir begrüßen die Geister, werdet ihr zu uns sprechen?

Nach der Befragung bedankst du dich bei dem jeweiligen Geist und sprichst: *"Vielen Dank für dein Kommen und deine Hilfe. Ich gebe dir Frieden mit auf dem Weg zurück in dein Reich."*

Kurze und kompakte Anrufung

Liebe (r) ... (Name des Verstorbenen), ich rufe dich herbei.
Ich freue mich, wenn du an meiner Séance teilnimmst.
Ich brauche deinen Rat.

Verabschiedung:

Liebe (r) ... (Name des Verstorbenen),
habe Dank für dein Erscheinen und deinen Rat.
Friede sei auf deinem Weg ins Jenseits.

Bitte

Liebe (r) ... (Name des Verstorbenen),
ich bitte um dein Erscheinen.
Führe meine Hände, um Weisheit zu erlangen.
Möge deine Anwesenheit mir Klarheit und Zuversicht bringen.

Verabschiedung:

Liebe (r) ... (Name des Verstorbenen),
vielen Dank für deine Führung.
Friede sei auf deinen Weg ins Jenseits.

Wicca Anrufung

Aus dem Sommerland rufe ich dich ... (Name des Verstorbenen) herbei.
Durchwandere den Schleier, der unsere Welten voneinander trennt.
Auch wenn du nun das Land des ewigen Friedens verlässt,
ich / wir freuen mich / uns auf dich.
Möge uns deine Weisheit erleuchten.
So sei es und so soll es sein.

Verabschiedung:

Habe Dank für deine Weisheit.
Möge dein Weg zurück ins Sommerland gesegnet sein.
So sei es und so soll es sein.

Elemente-Anrufung

Für die Elemente Anrufung ist es günstig, sich zur jeweiligen Himmelsrichtung zu drehen (Luft – Osten, Feuer – Süden, Wasser – Westen, Erde – Norden). Das Gleiche gilt für die Verabschiedung.

Ihr Geister der Luft und der Gedanken,

Wir rufen euch.
Ihr Geister des Feuers und der Transformation,
Wir rufen euch.

Ihr Geister des Wassers und der Gefühle,
Wir rufen euch.
Ihr Geister der Erde und der Magie.
Wir rufen euch.
Unterstützt und segnet unsere Séance.

Verabschiedung:

Ihr Geister der Luft, des Feuers, des Wassers und der Erde.
Vielen Dank für eure Unterstützung und euren Segen.

Göttinnen Anrufung

Ich rufe dich, allwissende Isis[14]*,*
Göttin der Toten und Frau des auferstandenen Osiris.
Gib dem Geist / den Geistern die Macht,
mit mir / uns zu kommunizieren.
Zeige ihnen / ihm den Weg aus der Unterwelt
In meine / unsere Welt.
So soll es sein.

Verabschiedung:

Isis, Göttin der Toten und Frau des auferstandenen Osiris,
begleite die anwesenden Seelen wieder in die Unterwelt.
Habe Dank für deine Hilfe.
So sei es.

[14] Wenn dir eine andere Göttin / ein anderer Gott näher steht, dann wähle sie / ihn und schreibe den Text einfach um.

Formular für eine Séance – Ouija Tagebuch

Wenn du später einmal deine Séancen nachvollziehen möchtest, empfehle ich dir, ein Tagebuch zu führen. Es gibt preiswerte gebundene Bücher mit unbedruckten Seiten. Auf den Deckel könntest du mit einem Filzschreiber ein Ouija Brett „aufzeichnen“.

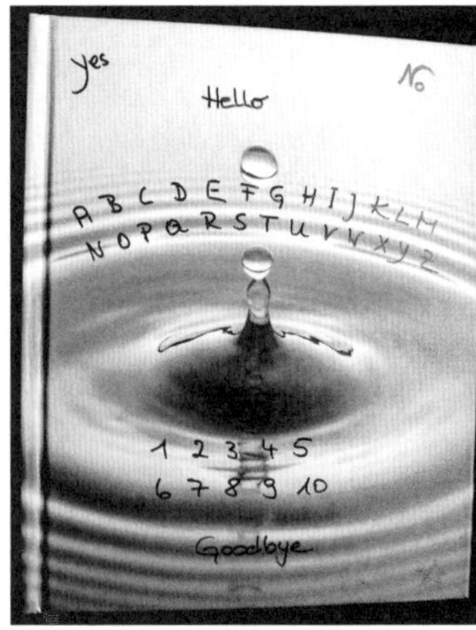

Als Hilfe kannst du folgendes Formular verwenden (das sich übrigens auch hervorragend für die Vorbereitung einer Séance eignet), in das du alles eintragen kannst, was dir wichtig ist (Ein kopierbares Beispiel dafür findest du am Ende dieses Buches):

- Mond in ...
- Mondstand
- Wochentag
- Datum
- Uhrzeit
- Ort der Séance
- Anwesende Personen
- Hilfsmittel (Recorder, Musik etc.)
- Ritualgegenstände (Kerzen – Anzahl und Farben, Blumen, Weihrauch, Glöckchen etc.)
- Verwendete Fotos, Briefe und Gegenstände
- Anwesender Schutzgeist und / oder Amulett
- Kreis gezogen
- Anrufung
- Schreibzeug (Stifte, Papier etc.)
- Wetter (zum Zeitpunkt der Séance)
- Fragenkatalog
- Eventuell. Störungen
- Besondere Vorkommnisse
- Anwesende Geister
- Wichtige Botschaften (lasse einfach Platz unter jeder Frage im Fragenkatalog, damit du die Antworten direkt darunter schreiben kannst.
- Beendigung – Kreis auflösen, sich bei den Geistern bedanken

Zu einigen Punkten möchte ich gerne noch etwas ergänzen, damit du verstehst, warum der eine oder andere so wichtig ist (Bedeutungen der Tierkreiszeichen, Planeten und Mondstände findest du im Kapitel über das Talking Board):

Mond im bestimmten Tierkreiszeichen

Diesen findest du in jedem aktuellen Kalender. Dabei geht es um die Kräfte der Tierkreiszeichen, die unterstützend wirken können.

Mondstand

Vielleicht stellst du fest, dass du bessere Ergebnis zum Neumond erzielst als zum Vollmond.

Wochentag

Die Wochentage stehen unter den Einflüssen der Planeten.

Datum

Das ist wichtig, um einige Botschaften und Voraussagen nachvollziehen zu können, ob sie eingetroffen sind oder nicht.

Uhrzeit

Erkenne, welche Tages- oder Nachtzeit für dich angenehm ist.

Ort der Séance

Damit ist nicht nur der Ort selbst gemeint, sondern auch seine Beschaffenheit. Wenn es um ein Zimmer geht, waren die Fenster und Türen offen oder geschlossen. Sind viele elektrische Geräte (TV, PC etc.) dort?
Wenn du im Garten, Park oder Wald eine Séance abhältst, ist in der Nähe eine Quelle? Oder welche Bäume und Pflanzen stehen dort?

Anwesende Personen

Hier schreibst du nicht nur die Namen auf, sondern auch aus welchen Gründen diese Personen mitmachen. Welche Person ist besonders sensibel, intuitiv und empfänglich? Welche Person würdest du an der nächsten Séance nicht mehr teilnehmen lassen oder welche ganz besonders?

Wetter

Es ist wichtig zu erfahren, bei welchem Wetter du die besten Ergebnisse erzielst. Bei Wind, bei Sonnenschein, wenn es bewölkt ist etc.

Eventuelle Störungen

Damit ist zum Beispiel gemeint, wenn unvorhergesehene Dinge passieren, die *nicht* von Geistern verursacht wurden: dein Kind kam plötzlich ins Zimmer, die Katze möchte mit der Planchette spielen, du musstest dringend auf Toilette (obwohl du gerade erst warst), das Planchette fällt zu Boden, jemand musste niesen und hat damit die Energie „weggepustet" etc.

Besondere Vorkommnisse

Ein unerwarteter Geist hat sich zu erkennen gegeben, ein unerklärlicher Windzug hat die Kerzen ausgeblasen, in der Wohnung unter dir oder über dir gab es Veränderungen, die keiner erklären kann, spätere Träume nach der Séance etc.

Du kannst nach dem Auswerten mehrerer Séancen anhand der Punkte feststellen, welche Tageszeit oder welcher Mondstand die besten Resultate für dich bringen. Jeder Mensch hat seine besondere Tagesform, in der er gut senden und empfangen kann. Dieses Wissen kannst du einsetzen, um nur noch zu bestimmten Zeiten Séancen durchzuführen.

Beispiel:

Mond:	in der Waage
Mondstand:	Vollmond
Wochentag:	Dienstag
Datum:	18.04.2000
Uhrzeit:	kurz nach 22 Uhr
Ort der Séance:	mein Wohnzimmer
Anwesende Personen:	Lisa, Eta und ich
Hilfsmittel:	keine
Ritualgegenstände:	neun weiße Kerzen und einen gelben Rosenstrauß, Glöckchen
Verwendende Fotos etc.:	Schmuckstück meiner Urgroßmutter
Schutzgeist, Amulett:	nein
Kreis gezogen:	ja
Anrufung:	Elemente Anrufung
Schreibzeug:	Kladde, Bleistift
Wetter:	Vollmond war gut zu sehen, ca. 5 Grad, fast windstill

Fragenkatalog:	von mir zum Thema Hexen in der Familie, Lisa zum Thema ihrer jetzigen Beziehung, Eta zum Thema Inspiration
Evtl. Störungen:	nein
Besondere Vorkommnisse:	nein
Anwesende Geister:	meine Urgroßmutter, Lisas Geistführer, Etas Großmutter
Wichtige Botschaften:	ich bekam die Botschaft, dass es keine Hexen in unserer Familie in dem Sinne gab, wie ich es lebe. Aber die Frauen unserer Familie sind bzw. waren alle medial veranlagt. Leider haben einige Frauen ihre Medialität nicht ausgelebt. Lisa hat als wichtigste Antwort zu hören bekommen, dass sie auf Herz hören sollte und nicht an materiellen Dingen kleben sollte. Eta weiß nun, wie sie ihren Roman – der ihre Familiengeschichte behandelt – fortsetzen kann.
Beendigung:	Kreis aufgelöst, Danksagung, Gabe an die Geister und Essen für uns (Walnussbrot mit Knoblauchbutter und Traubensaft).

Ablauf einer Séance

Wer einen rituellen Rahmen für eine Séance wählen möchte, kann sich an dieser „Checkliste“ orientieren:

1. Vorbereitungen treffen (siehe Kapitel Vorbereitungen)
2. Alle Teilnehmer setzen sich an den Tisch und bringen das Ouija Brett in Position
3. Ein Schutzkreis wird gezogen
4. Die Anrufung des Schutzgeistes / Göttin wird gesprochen
5. Die Anrufung der Geister wird ausgesprochen
6. Der Schutzkreis wird geschlossen
7. Fragen werden gestellt, protokolliert
8. Die Séance wird beendet, indem die Planchette auf die Wörter „Auf Wiedersehen“ geht.
9. Dankessagung an die Geister und Schutzgeister / Göttin
10. Öffnen des Kreis
11. Ouija Brett wird wieder verpackt
12. Erden durch leckeres Essen
13. Auswerten der Antworten (auch gerne während des Essens)

Fragen an das Ouija Brett

Wenn du eine erfolgreiche Séance durchführen möchtest, brauchst du einen Fragenkatalog. Natürlich ergeben sich auch während der Befragung neue Fragen, die selbstverständlich auch gestellt werden können.
Hast du eine Antwort nicht verstanden oder kam nur ein Ja oder Nein, dann frage bitte nach. Neulich erzählte mir eine Frau, dass sie das Brett befragt hatte, ob die losgeschickte Energie eines weisen Mannes in Indien auch bei dem Mann ankommt, in den sie sich verliebt hatte. Das Brett zeigte NEIN an. Leider vergaß sie nachzufragen, wieso die Energie nicht angekommen sei. Zum Glück hatten meine Karten eine Antwort darauf.
Bei der Fragestellung ist es wichtig, ob dir ein Ja oder Nein genügt. Wenn nicht, dann solltest du die Frage auch gleich so formulieren, dass eine vollständige Antwort gegeben werden muss. Die Zauberworte für solche Fragen sind: Wieso, warum, weshalb, was ist..., was habe..., was kann..., was sollte..., was würde..., was mache...
Manche Geister lassen sich gerne bitten und da ist es geschickt, wenn die Fragen mit „Würdest du bitte..." anfangen.
Suche dir die Fragen aus, die auf deine Situation zutreffen, schreibe sie auf und lasse unter ihnen soviel Platz, dass du auch gleich die Antworten darunter schreiben kannst.

Fragenkataloge

Zwischenmenschliche Beziehungen (Liebe, Ehe, Familie)

1. Sagt ...(Name der betreffenden Person) mir die Wahrheit?
2. Liebt ...(Name der betreffenden Person) mich wirklich?
3. Ist ...(Name der betreffenden Person) mir treu?
4. Kann ich ...(Name der betreffenden Person) vertrauen?
5. Wann werde ich mich wieder verlieben?
6. Wie sieht meine neue Liebe aus?
7. Wird es eine längerfristige Beziehung werden?
8. Denkt ...(Name der betreffenden Person) an mich?
9. Denkt ...(Name der betreffenden Person) immer noch viel an seine frühere Liebe?
10. Was kann ich tun, damit sich ...(Name der betreffenden Person) in mich verliebt?
11. Warum meldet sich ...(Name der betreffenden Person) nicht?
12. Wann wird ...(Name der betreffenden Person) sich melden?

13. Macht es Sinn, ...(Name der betreffenden Person) SMS, Anruf oder Brief zu beantworten?
14. Werden wir uns sehen / verabreden?
15. Wird meine Verabredung ein Erfolg?
16. Hat ...(Name der betreffenden Person) eine andere Freundin / anderen Freund?
17. Wird ...(Name der betreffenden Person) wieder zu mir zurückkommen?
18. Wird ...(Name der betreffenden Person) mich heiraten?
19. Soll ich meine Unabhängigkeit aufgeben?
20. Wie lange wird unser Streit noch anhalten?
21. Soll ich ...(Name der betreffenden Person) verzeihen?
22. Soll ich auf das Versöhnungsangebot von ...(Name der betreffenden Person) eingehen?
23. Soll ich mir einen Anwalt suchen?
24. Ist ...(Name der betreffenden Person) der / die richtige Partner / Partnerin für mich?
25. Was wird aus meinen Kindern?
26. Was denkt ...(Name der betreffenden Person) über mich?
27. Was kann ich ändern?
28. Was soll ich unbedingt ändern?
29. Was mache ich falsch?
30. Was ist die Ursache meiner Unzufriedenheit?
31. Was kann ich daraus lernen?
32. Was kann ich tun, um glücklich zu werden?
33. Werde ich Kinder haben? Und wie viele?
34. Wo lerne ich meine große Liebe kennen?
35. Wie sieht meine zukünftige Liebe aus?
36. Welche besonderen Eigenschaften hat meine neue Liebe?
37. Welche besonderen Eigenschaften hat mein Kind?
38. Bekomme ich das Geld wieder, das ich ...(Name der betreffenden Person) geliehen habe?
39. Sollte ich ...(Name der betreffenden Person) Geld leihen?
40. Kann ich ...(Name der betreffenden Person) mein Geheimnis anvertrauen?
41. Was steckt hinter dem seltsamen Verhalten von ...(Name der betreffenden Person)?
42. Soll ich ...(Name der betreffenden Person) helfen?

Beruf

1. Wer mobbt mich?
2. Steht der Chef auf meiner Seite?

3. Was kann ich dagegen tun?
4. Soll ich einen anderen Job suchen?
5. Soll ich für meinen Job umziehen?
6. Habe ich den richtigen Job?
7. Wann finde ich einen Job?
8. Wo finde ich den richtigen Job?
9. Würde mir eine Weiterbildung etwas bringen?
10. Wird mein Vorstellungsgespräch erfolgreich sein?
11. Soll ich das Angebot annehmen?
12. In welchem Beruf werde ich am erfolgreichsten sein?

Gesundheit

1. Woran liegt es, dass ich / mein Kind / mein Haustier erkrankt bin / ist?
2. Wie kann ich mir meine Gesundheit erhalten?
3. Nehme ich die richtigen Medikamente ein?
4. Soll ich mich operieren lassen?
5. Ist Massage / Akupunktur / Kräuterbad gut gegen meine Beschwerden?
6. Wie lange werde ich noch krank sein?
7. Ernähre ich mich richtig?
8. Welche Lebensmittel sind vorteilhaft für mich? (Evtuell verschiedene Lebensmittel „abfragen“.)

Wohlstand

1. Wann ist mein Konto wieder ausgeglichen?
2. Was kann ich tun, um meine finanzielle Situation zu verbessern?
3. Kann ich meine Wohnung / Haus / Sammlung zu einem guten Preis verkaufen?

Talentsuche

1. Wo liegt mein Talent?
2. Wo liegt das Talent meines Kindes?
3. Welches Talent bringt mich spirituell weiter?
4. Wann ist die beste Zeit, das Talent auszuleben?
5. Kann ich meine Begabung auch beruflich nutzen?
6. Kann ich mit meiner Begabung Geld verdienen?

Frühere Leben

1. Was bin ich gewesen? Mann oder Frau?
2. Welche Haut-, Haar- oder Augenfarbe hatte ich?

3. Welchen Beruf oder Berufung hatte ich?
4. Gibt es Fähigkeiten aus früheren Leben, die jetzt wichtig für mich sind?
5. Was ist mein Karma?
6. Was ist der Sinn meines jetzigen Lebens?
7. Werde ich finden, was ich suche?
8. Wann ist der richtige Zeitpunkt mein Karma aufzulösen?
9. Wer ist mein Seelenverwandter / Zwillingsseele?
10. Wo ist mein Seelenverwandter / Zwillingsseele?
11. Bin ich meinem Seelenverwandten / Zwillingsseele bereits begegnet?
12. Wo habe ich in meinen früheren Leben gelebt?
13. Wie oft bin ich schon auf der Erde reinkarniert?
14. Habe ich bereits auf anderen Planeten gelebt?

Inspiration

1. Wie kann ich die Anzeige für eine Bekanntschaftsannonce formulieren?
2. Ist der Anfang meiner Novelle in Ordnung?
3. Welchen Fehler habe ich in meinem Roman gemacht?
4. Welche Farben soll ich verwenden?
5. Ist ... (Name eines Instrumentes) das richtige für mich?

Spiritualität

1. Wo kann ich meinen Kraftort finden?
2. Ist ... (Wicca, Buddhismus etc.) der richtige Weg für mich ?
3. Kann ich ... (Name der spirituellen Praktik) anwenden?
4. Wann ist der beste Zeitpunkt für den Beginn meiner spirituellen Ausbildung?
5. Wann treffe ich meinen spirituellen Führer?
6. Soll ich mir einen Lehrer / eine Lehrerin suchen?
7. Bin ich soweit, anderen Menschen die Karten zu legen?

Kriminalität

1. Wer hat mich bestohlen?
2. Wer stiehlt im Betrieb?
3. Wird die Person zugeben, dass sie stiehlt?
4. Bekomme ich meine gestohlenen Gegenstände wieder?
5. Wird ...(Name der betreffenden Person) ihre / seine gerechte Strafe erhalten?
6. Wo befindet sich ...(Name der betreffenden Person)?

Alles Mögliche und Unmögliche

1. Wo finde ich ... (Bezeichnung des vermissten Gegenstandes) wieder?
2. Was bekomme ich von ...(Name der betreffenden Person) zu Weihnachten / Geburtstag?
3. Wo hat ...(Name der betreffenden Person) ... (Bezeichnung des Gegenstandes) versteckt?
4. Was kann ich tun, damit meine Sorgen weggehen?
5. Wie soll ich mein Problem lösen?
6. Was passiert in der näheren / langfristigen Zukunft?
7. Soll ich meine Pläne umsetzen?

Wohnungssuche

1. Wenn du ein sehr sensibler Mensch bist, kannst du dich an manchen Orten sofort richtig wohlfühlen, während andere Orte ein Stimmungstief verursachen.
2. Lebe ich in der richtigen Stadt / Land / Wohnung / Haus?
3. Lebt ein Geist (oder mehrere Geister) in diesem Haus?
4. Ist irgendwann mal etwas Schreckliches in diesem Haus geschehen?
5. Was war vor diesem Haus an dieser Stelle?
6. Gibt es Schadstoffe im Boden?
7. Gibt es unterirdische Wasseradern?
8. Gibt es Schimmel / Bleirohre im Haus?
9. Ist die Miete / Kaufpreis berechtigt?
10. Gibt es auffällige Nachbarn in diesem Haus / nebenan?

Zauber

Die Fragen nach einem Zauber setzen voraus, dass du bereits Erfahrungen auf diesem Gebiet hast.
Als Wicca Priesterin ist das schon zu meinem Lieblingsthema bei Séancen geworden. Wer kein Zauberbuch oder einfach noch nicht den richtigen Zauber gefunden hat, kann sich durch das Ouija Brett bestens inspirieren lassen.
Auch nach Zaubersprüchen, Anrufungen und Zutaten kann man fragen.
Zu Beginn ist es vielleicht auch wichtig für dich zu erfahren, ob ein Zauber überhaupt etwas bewirken würde. Es könnte ja auch sein, dass sich manches von selbst erledigt oder es eine ganz irdische Variante gibt.
Frage: Ist es richtig, für diese Angelegenheit einen Zauber durchzuführen?
Lautet die Antwort NEIN:
Frage: Warum nicht?

Lautet die Antwort ERLEDIGT SICH VON SELBST, kannst du alles wieder einpacken und abwarten.
Lautet die Antwort JA, drängt sich folgende Frage auf:
Frage: Was kann ich stattdessen tun?
Antwort aufschreiben und nach der Séance zur Tat schreiten.

Lautet die Antwort auf die 1. Frage JA, kannst du folgende Fragen stellen:

- Welche Zutaten brauche ich?
- An welchem Tag soll ich den Zauber durchführen?
- Zu welchem Mondstand?
- Um wieviel Uhr?
- Soll ich ein vollständiges Ritual durchführen?
- Welche Anrufung bzw. hast du eine Anrufung für mich?
- Wie soll der Zauberspruch lauten?

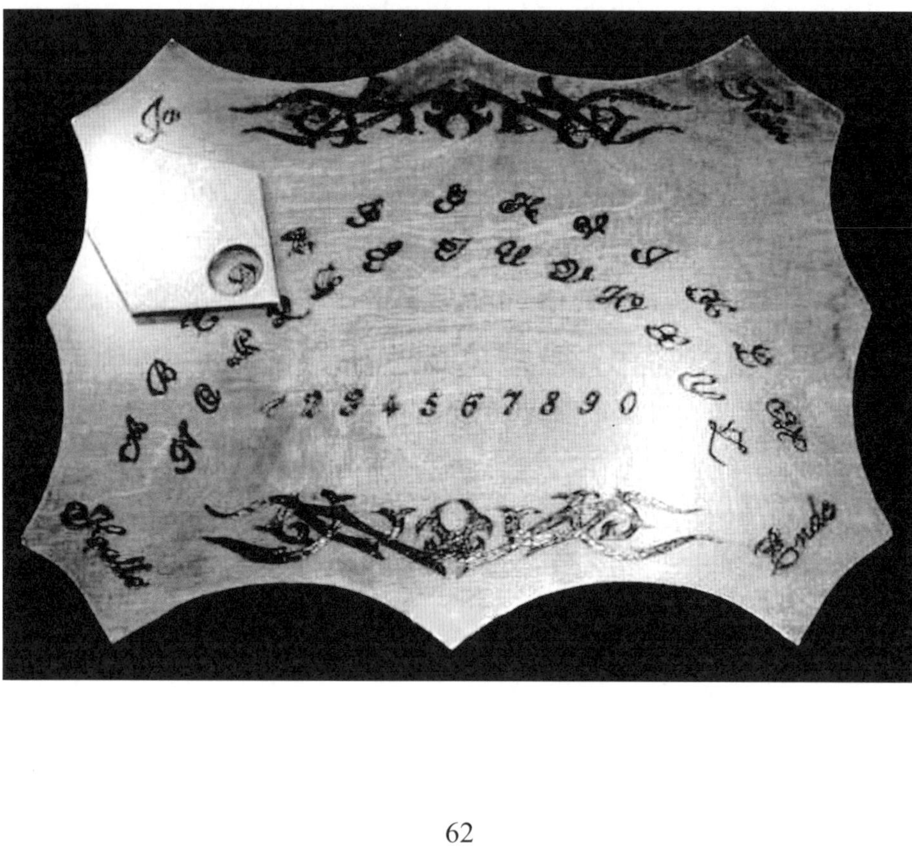

Fragen und Antworten

1. Die Frage aller Fragen: Warum bewegt sich meine Planchette nicht?

Wenn die Geister sich nicht melden, ist man häufig selbst blockiert. Oder man drückt zu fest auf die Planchette, dass sie sich gar nicht bewegen kann.

Es kann sein, dass sich einfach nichts regt, wenn jemand mit einer falschen Intension das Brett befragen will. Wer mit Zwang an diese Aufgabe geht, mit dem Ziel, unbedingt eine Antwort erhalten zu müssen: Funkstille.

Manchmal kann es auch einfach nicht der richtige Zeitpunkt sein, weil dich die Antworten überfordern könnten. Um die Geister sprechen zu lassen bzw. zu hören, sollte man selbst sich die Eigenschaften des Luftelementes annehmen: geistig mobil sein, luftdurchlässig sein, den Dingen Zeit geben, Kommunikationsbereitschaft üben, sprich gut „zuhören" können, nichts erzwingen wollen, skeptische Gedanken, ob das Ganze wirklich funktionieren könnte, loslassen.

Je unbelasteter du an das Ouija Brett gehst, desto besser funktioniert es. Fühle dich einfach wie ein neugieriges Kind, dass unbedingt alles erfahren möchte.

2. Wie erklärt es sich, dass sich die Planchette bewegt, wenn meine Finger darauf liegen?

In unserem gesamten Körper ist immer Bewegung, entweder durch den Blutfluss oder das Atmen. Dazu kommen Muskelzuckungen. Dies alles setzt sich bis in die Fingerspitzen fort. Je nach eigener Befindlichkeit und Stimmung ist zum Beispiel der Blutfluss langsamer oder schneller. All diese Faktoren führen dazu, dass Impulse aus unseren Fingerspitzen Dinge in Bewegung bringen, obwohl wir sie (die Impulse) nicht kontrollieren können. So kann nicht nur die Planchette in Schwung geraten, sondern auch das Pendel und die Wünschelrute.

3. Woran merke ich, dass ein Geist Kontakt zu mir aufgenommen hat, aber die Planchette sich noch nicht bewegt?

Sobald ein Geist im Zimmer erschienen ist, stellen sich bei manchen Menschen die Nackenhaare auf, weil sie Kälte empfinden. Ich empfinde in den meisten Fällen eine angenehme Wärme. Selbst in einem Keller, in dem sich ein verstorbener Ehemann „versteckt" hatte, weil er seiner Frau nahe sein wollte, spürte ich im Gegensatz zu ihr Wärme. Ich glaube, wenn man Angst verspürt, kann man keine Wärme empfinden. Dabei wollte er ihr nur eine gute Botschaft überbringen und ihr keine Angst machen. Als er diese Gelegenheit nun bekam, ging er in seine Welt.

Ein weiteres Zeichen ist das Flackern der Kerzen, sofern man vor der Séance die Türen und Fenster geschlossen hat und nicht selbst in die Richtung der Kerzen ein- und ausatmet.
In anderen Fällen reagieren auch die Haustiere auf Geister. Sie können nervös wirken, Hunde knurren, Katzen fauchen und verziehen sich unter den Tisch. Sie sind in der Regel auch wesentlich empfindlicher, was den Besuch aus anderen Dimensionen angeht. Insbesondere mein Kater Merlin starrt dann immer in eine bestimmte Richtung.
Manchmal kann man auch wie bei den Geschwistern Fox Klopfzeichen hören. Intensive Gerüche, die auf einmal von den Blumen auf den Tisch ausgehen, Geruch eines Parfüms deiner Großmutter oder der Tabakgeruch deines Großvaters sind auch sichere Zeichen für eine Anwesenheit. Manche sprechen auch von Verwesungsgeruch oder starkem Knoblauchgeruch.
Wenn meine Freundin mich besucht und Rosen auf dem Tisch stehen, dann fangen diese plötzlich sehr intensiv an zu riechen und ich fühle eine beschützende Wärme.
Mehr zu diesem Thema im Kapitel „Wie Geister mit uns Kontakt aufnehmen“.

4. Kann sich die Planchette selbständig bewegen?

Es sind mir persönlich keine derartigen Begebenheiten bekannt. Aber es gibt durchaus Geister, die Dinge bewegen können. Manuela, mit der ich einmal in einem Buchladen zusammen gearbeitet hatte, erzählte mir im Flüsterton, dass sie einen Geist zu Hause hätte. Dieser würde immer das kleine Modellschiff auf dem Fernseher bewegen. Da sie mit ihren Eltern zusammen lebte, hatte ich erst den Verdacht, dass diese das Schiff beim Saubermachen nicht immer wieder an den richtigen Platz stellten. Aber sie meinte, sie habe das selbst beobachtet, wie sich das Schiff bewegt. Leider wurde nichts daraus, dass ich mir das Phänomen anschauen konnte.

5. Wie wird eine Séance beendet?

Die Beendigung kann entweder von den Teilnehmern eingeleitet werden oder auch vom Geist selbst.
Teilnehmer sollten eine Séance erst beenden, wenn wirklich alle Fragen gestellt wurden. Nichts ist unbefriedigender als mit unbeantworteten Fragen ins Bett zu gehen. Es ist wichtig, eine Séance bewusst zu beenden, damit sich alle wieder ihren normalen Tätigkeiten widmen können.

Du kannst bewusst mit der Planchette auf die Wörter „Auf Wiedersehen“ gehen.
Ein Geist kann sich verabschieden, in dem er die Planchette selbst auf die Wörter „Auf Wiedersehen“ leitet. Wichtig ist, den Willen des Geistes zu respektieren und nicht „hinterher zu laufen“.

6. Was passiert, wenn bei einer Séance die Planchette zu Boden fällt?

Die Verbindung zum Geist oder den Geistern ist unterbrochen worden, und die Séance sollte abgebrochen werden. Wer allerdings die Kraft hat, kann versuchen, die Verbindung wieder aufzunehmen.

7. Wo sollte das Board auf keinen Fall befragt werden?

An Plätzen, die einem sowieso schon Angst einflößen, also zum Beispiel auf Friedhöfen und in Häusern, in denen sich Tragödien abgespielt haben wie zum Beispiel ein Mord. Wenn im letzteren Fall der Mörder noch gesucht wird, ist es ratsam, dass nur ein erfahrenes Medium oder eine Hexe eine Séance an dem Tatort durchführt.

8. Was kann man tun, wenn sich ein oder mehrere böse Geister melden?

Der einfachste Weg, sie wieder loszuwerden, ist, sie zu ignorieren und ihren Angriff erst gar nicht anzunehmen.
Wer die wunderschöne Geschichte von Oskar Wilde (1854-1900) “Der Geist von Canterville” kennt, der weiß, wie man mit Geistern umgehen kann. In dieser Geschichte geht es sich um einen erdgebundenen Geist, der wegen seiner Umtriebe zu Lebzeiten im Jenseits keine Ruhe fand. Entweder schlägt man so einen Geist mit seinen eigenen Waffen oder befreit ihn mit der Gabe echter Liebe.

9. Können sich Geister materialisieren?

Ja, aber nicht im stofflichen Sinne wie wir Menschen uns sehen. Geister können visuell wahrgenommen werden, manchmal als Schatten oder auch als “durchsichtiges” Wesen.
Es gibt Medien, denen während einer Séance aus der Nase oder Mund Ektoplasma fließt. Aus diesem Stoff, der anscheinend aus dem Unterbewusstsein des Mediums kommt, können sich Gesichter und Formen materialisieren. Ektoplasma ist eine sehr lichtempfindliche Substanz, die häufig als nebelartiges Gebilde nur auf Fotos zu sehen ist.

10. Kann man auch von lebenden Personen Botschaften erhalten?

Du kannst einen Menschen befragen, der entweder schläft oder sich in Trance befindet. In diesem Zustand löst sich der Geist vom Körper. So könnte man miteinander auf große Entfernungen hinweg kommunizieren. Grundvoraussetzung ist, dass die zu befragende Person damit einverstanden ist. Theoretisch könnte man so auch erfahren, ob der Ehemann auch wirklich treu ist. Aber er würde sicher nicht sein Einverständnis dafür geben.

11. Sind Geister weiblich oder männlich?

Sie sind so gesehen geschlechtslos und suchen sich den Körper aus, in dem sie ihre Lebensaufgabe am besten bewältigen können. Ich habe festgestellt, dass nur wir Menschen und kürzlich Verstorbene in diesen Kategorien denken. Wenn du einmal in dich selbst hinein horchst, wirst du feststellen, dass auch du männliche als auch weibliche Eigenschaften besitzt. Zum Beispiel kann man an einem Horoskop nicht das Geschlecht erkennen, weil das für die Analyse eines Charakters keine Rolle spielt.
Beide Eigenschaften sind wichtig, um ein ganzheitliches Leben zu führen.

12. Können Geister in die Zukunft schauen?

Ja, denn sie kennen keine lineare Zeitlinie wie wir. Auch Zeitreisende können in die Zukunft und Vergangenheit schauen.
Aber sie teilen das, was sie sehen, nur sehr selten mit, da es manchmal Dinge gibt, die wir noch nicht wissen dürfen. Wenn ein Geist es wirklich gut mit uns meint, behält er Dinge für sich, die wir uns selbst erkämpfen müssen.
Es kann allerdings vorkommen, dass wir in Ausnahmefällen eine durchaus schlechte Nachricht erhalten (auch und gerade wenn wir nicht danach gefragt haben). Nehmen wir einfach mal den schlimmsten Fall an, weil die meisten Menschen davor die größte Angst haben: einen Todesfall. Wenn wir solch´ eine Nachricht wirklich erhalten sollten, dann bitte nicht in Depressionen verfallen. Betrachte es als Geschenk, denn die Geister wissen mehr als wir. Wenn sich die Geisterwelt dazu entschlossen hat, uns so etwas wissen zu lassen, hat das seinen Grund. Nämlich den, entweder den Tod bei gesunden Menschen abzuwenden oder ihn bei unheilbaren Krankheiten anzunehmen, um sich darauf vorzubereiten zu können.

13. Ist Ouija religionsgebunden?

Nein, jeder Mensch jeden Glaubens kann das Board befragen. Es spielt keine Rolle, ob du Christ, Moslem, Jude, Heide oder Pantheist bist.

14. Kann der Geist in einer anderen Sprache antworten?

Ja, es kann manchmal schwierig werden für dich werden, wenn du ein Kauderwelsch übermittelt bekommst, dann zu unterscheiden, ob es sich um eine fremde Sprache oder um eine Täuschung handelt. Bitte den Geist, in einer dir verständlichen Sprache zu antworten. Das ist für Geister kein Problem.

15. Kann der Geist Besitz von meinem Körper ergreifen?

Ja, das ist möglich. Einen Angriff eines erdgebundenen Geistes kann man abwenden (siehe Punkt 6) oder die eigenen guten Geister oder Schutzgeister um Hilfe bitten. Ein guter Geist würde das nur mit deiner Erlaubnis tun. Da dies aber auch gefährlich werden kann, sollte so etwas entweder nur von erfahrenen Personen oder im Beisein einer Vertrauensperson geschehen.
Weitere vorbeugende Maßnahmen sind Schutzräucherungen mit Salbei oder Eukalyptus. Sie können verhindern, dass sich jemand an dich hängt.
Sollte sich ein erdgebundener Geist bei dir festgesetzt haben, schaue bitte im Kapitel „Wie werde ich unerwünschte Geister wieder los."

16. Frage: Was ist der Unterschied zwischen einem Hexenbrett und einem Ouija Brett?

(Erklärung des Fragestellers: Beim Hexenbrett sind die Buchstaben im Kreis angeordnet und beim Ouija Brett in zwei Reihen)
Es gibt keinen Unterschied, nur unterschiedliche Bezeichnungen und Designs. Andere Worte für das Hexenbrett sind: Ouija Brett oder Board, Talking oder Mystik Board, Witchboard etc. Es gibt sehr unterschiedliche Ausführungen, sei es nun aus Holz oder Pappe, das traditionelle von William Fuld oder künstlerisch gestaltet von Kipling West. Der Sinn und Zweck der Bretter ist immer der gleiche: Geister zu befragen.

Halloween

Halloween, auch Samhain oder Hexen-Neujahr genannt, ist einer der höchsten Hexenfeiertage, der in der Nacht vom 31. Oktober zum 1. November begangen wird. Die weisen Frauen nehmen in dieser Nacht Verbindung zu den Geistern der Verstorbenen, ihren Ahnen und zu ihren Schutzgeistern auf.
Dazu reinigen sie ihre Wohnungen oder Häuser und stellen Opfergaben (Äpfel) für die Toten auf.
Halloween ist der Übergang ins schwarze Chaos, aus dem im Frühling wieder neues Leben entsteht. Auch der Mensch sollte die Möglichkeit nutzen, in sich zu kehren, um dann im Frühjahr mit neuer Kraft seine Ideen und Vorhaben umzusetzen.
Um Mitternacht besinnen sich die Hexen auf die Bedeutung von Tod und Wiedergeburt, denken an die Ereignisse des vergangenen Jahres und erinnern sich der Wesen, die sie verlassen haben und in anderen Sphären schweben.
Die Grenzen heben sich auf, und sie nehmen direkt Kontakt zu den Geistern auf. In der Wicca Magie spricht man von einem Schleier, der zu dieser Zeit besonders dünn ist und Mensch und Geist den Übergang in die Anderswelt vereinfacht.
Es ist eine magische Nacht, in der in die Zukunft geschaut wird, entweder mit dem Ouija Brett oder mit Karten, Runen oder Träumen.

Vorbereitungen für eine Halloween Séance

Als Erstes solltest du die Menschen mindestens eine Woche vorher schriftlich einladen, mit denen du diesen Abend gerne verbringen möchtest. Darauf schreibst du, wann die Besucher kommen dürfen, was sie mitbringen sollen (zum Beispiel Fotos der Verstorbenen, Getränke etc.)
Natürlich kannst du diesen Abend auch alleine für dich gestalten und feiern.

Am Morgen vom 31.10. wird die Wohnung gereinigt und mit einem Hexenbesen der Schmutz aus der Wohnung gekehrt.
Danach besorgst du folgende Dinge:

- etwas Material zum Dekorieren (Fledermäuse, Skelette, Geister etc.) – vielleicht bastelst du die Dekoration auch selbst
- viele Äpfel, Rosinen, Milch, Honig, Apfelsaft (Wein), Wermutkraut oder Absinth, Apfelkuchen (oder einen anderen, den zum Beispiel auch die Verstorbenen gerne mochten), weiße Schaumküsse und Schokolade aus der Tube zum Verzieren (für Totenköpfe), Zwieback als Grabsteine (können ebenfalls mit Tubenschokolade oder Zuckerguss verziert werden), etc.[15]
- 6 orangefarbene und 6 schwarze Kerzen – für die Beleuchtung Teelichter und weiße Kerzen, soviel du benötigst – bitte aufpassen, dass sie so aufgestellt werden, dass niemand in Flammen aufgeht

Die Séance selbst sollte an einem großen Tisch stattfinden (oder einfach kleinere Tische zusammenstellen), damit die Gaben, Gegenstände der Verstorbenen, das Ouija Brett etc. auch ausreichend Platz haben. Nach der Séance wird auch an diesem Tisch gegessen.

Des weiteren benötigst du folgende Dinge:

- Tischtuch in Orange oder Herbstfarben für den großen Tisch
- Etwas Dekoration für den Tisch
- Kleine Teller für die Gaben an die Verstorbenen (ich verwende gerne die kleinen Glasuntersetzer der türkischen Teegläser, die es in jedem gutsortierten türkischen Geschäft gibt).
- Zwei Schnapsgläser (Pinchen, 4 cl)
- Eventuell einen großen Teller (Gabenteller) für die oben genannten kleinen Teller

---

[15] Wer es so richtig gruselig mag und eine riesige Party veranstalten möchte, wird in dem Buch von Alexander Condé und Barbara Thomas fündig: Halloween Party, ISBN 3-933590-01-9. Dieses Buch ist voller Deko Ideen, Einladungen, Rezepte usw.

- Das Essen selbst wird erst mal in der Küche oder auf einem Sideboard im Zimmer platziert
- Geschirr und Besteck für Kuchen und Gläser für die Getränke in Anzahl der Gäste
- Kerzenständer und Untersetzer für die Teelichter, Feuerzeug
- Alles, was du sonst für eine Séance auch brauchst (Brett, Schreibzeug)

Auf dem Tisch werden die Kerzen, der Gabenteller für die Verstorbenen, Fotos, Gegenstände, Briefe, Blumenstrauß, Räucherutensilien, Ouija Brett etc. arrangiert.
Der Gabenteller sieht wie folgt aus: ein Schnapsglas mit Milch, eines mit Absinth oder einem anderen Schnaps (zum Beispiel. Gin oder Hexenlikör – Strega Liqueur), auf jeweils einen kleinen Teller kommen Rosinen, Honig und etwas Kuchen.
Ein Apfel wird so aufgeschnitten, dass man den fünffachen Stern sehen kann. Beide Hälften werden mit den Schnittflächen nach oben auf den Teller gelegt.

Kurz vor Mitternacht setzt ihr euch an den vorbereiteten Tisch und beginnt die Séance wie gewohnt.

Wenn ihr etwas Wermut verbrennt, kommen die Geister der Verstorbenen ganz bestimmt. Außerdem sorgt dieses Kraut dafür, dass sich eure hellseherischen Fähigkeiten verstärken.
Nehmt euch an den Händen und sprecht:

In dieser heiligen Nacht – zu dieser heiligen Zeit,
wenn der Schleier zwischen den Welten fast nicht mehr zu sehen ist,
rufen wir euch,
geliebte Ahnen unserer Familien,
um uns mit eurer Weisheit
ins Neue Jahr zu führen.
Seid willkommen!

Die Hände könnt ihr wieder loslassen und mit der Befragung beginnen.
Nach der Befragung des Ouija Brettes wird es weggelegt und der Tisch mit all euren Köstlichkeiten gedeckt. Ladet eure Ahnen dazu sein:

In dieser heiligen Nacht – zu dieser heiligen Zeit,
laden wir euch zu unserem Festmahl ein.

Stellt die Fotos, Gegenstände im Halbmond um den Gabenteller.
Nach dem Essen könnt ihr euch mit folgenden Worten verabschieden:

Habt Dank für euer Erscheinen und euren weisen Rat,
mögt ihr nun in euer Reich zurückkehren.
Möge Frieden und Stille euch begleiten.
So soll es sein.

Der Gabenteller kann auf dem Tisch stehen bleiben (wenn ihr keine Kinder oder andere Naschkatzen habt) oder stellt ihn nach draußen in den Garten oder auf den Balkon. Am nächsten Tag werden die Überreste der Natur übergeben oder für Stadtmenschen in den Hausmüll gegeben.
Wer es wie die Mexikaner machen möchte, kann die Gaben während des Festmahles „vernichten", sprich: essen und trinken. Es ist bei ihnen üblich, alle Speisen aufzuessen, nachdem die Geister davon gegessen haben[16].

Zum Abschluss wird am nächsten Morgen alles aufgeräumt und die Dekoration fürs nächste Jahr gut verstaut. Eventuelle Kerzenreste werden an den folgenden Tagen abgebrannt.

Ich wünsche dir eine erfolgreiche Halloween-Séance.

---

[16] In Mexiko wird nicht Halloween gefeiert, sondern „der Tage der Toten", Dias de los Muertos. Die Gräber der Toten werden geschmückt, und dort wird zusammen mit den Geistern der Verstorbenen gefeiert und geschmaust. Dieses Fest dauert 3 Tage. Mehr dazu: „Mexikanische Feste – Die Fiestas der Frida Kahlo" mit 145 Rezepten von Guadalupe Rivera/Marie-Pierre Colle, ISBN 3-88472-398-7.

Anleitungen zum Herstellen eines Ouija Brettes

Es gibt viele Möglichkeiten, ein Brett selbst herzustellen. Allerdings gibt es zwei Meinungen über deren Aussehen, und du solltest beide kennen lernen: Die einen sagen, das Brett sollte so schlicht wie möglich sein, um die Geister nicht zu verwirren; andere wiederum müssen ihre gesamte Kreativität einsetzen, um sich mit ihrem Brett auch wohl fühlen zu können.
Die Entscheidung liegt ganz bei dir.

Folgende Dinge sollten allerdings beachtet werden: Das traditionelle Brett hat eine Größe von 16 x 24 inches (40,64 x 60,96 cm) und das kleinere Board 12 x 16 inches (30,48 x 40,64 cm).
Auf dem Brett müssen das Alphabet, die Zahlen von 0 - 9, die Worte Yes, No und Good Bye, stehen. Die Aufgliederung dabei bleibt dir überlassen.
Du kannst auch ein rundes Brett (ca. 40 bis 50 cm Durchmesser) nehmen und die Zahlen und Buchstaben im Kreis anordnen. Wie man gleichmäßig Buchstaben etc. im Kreis anordnet, findest du bei der Beschreibung des Talking Boards.
Alles weitere, wie astrologische Zeichen, Sterne, Sonne, Mond, Pflanzen, Tiere, Drachen und Symbole sind deine Entscheidung, sofern du kreativ sein möchtest.
Zusätzliche Worte wie "Hallo", "Gute Bedingungen", "Das solltest Du jetzt noch nicht wissen" oder Zeichen wie "&" können ergänzend hinzu gefügt werden. Vertraue bei der Gestaltung einfach auf deine Intuition.
Nun zähle ich dir die Möglichkeiten auf, wie bzw. aus was du dein Brett herstellen kannst:

1. Die einfachste Art ist, sich 38 Karten mit Buchstaben und Zahlen, zu beschriften und zwei mit Yes und No oder JA und NEIN, Diese werden im Kreis auf einem Tisch mit einer glatten Oberfläche ausgelegt. Ein umgedrehtes Weinglas fungiert als Planchette.
Anstelle der Karten kannst du auch Steine oder Holzscheiben verwenden[17].

2. Ein selbst gemaltes oder vom Computer ausgedrucktes Brett aus Papier. Hier ist man natürlich auf die Größe Din A 4 festgelegt. Im Kopierladen kannst du die Vorlage auf DIN 3 vergrößern lassen. Am besten überziehst du

---

[17] Der Kreis muss groß genug sein, damit sich die Planchette im Kreis frei bewegen kann. Die Karten werden aneinander gelegt, also ohne Zwischenräume. (Alternativ kann man vielleicht auch eine große Glasscheibe (erhältlich in jeder Glaserei) zur Fixierung der Karten darüber legen. Der Verlag)

es mit klarer Klebefolie und ziehst es auf einer dicken Pappe auf. Dabei muss man allerdings sehr aufpassen, dass man keine Luftblasen unter der Folie macht. Sollten sich doch welche gebildet haben, kannst du vorsichtig mit einer Nadel hinein stechen und die Luft herdrücken.
Laminieren geht natürlich auch und bringt eine gewisse Stabilität.

3. Die folgende Idee stammt von meinem Mann Ralf. Erst das Brett malen oder am Computer entwerfen. Dann ausdrucken und das Ergebnis in einem rahmenlosen Bilderhalter unterbringen. Sollte dir dieses "Gemälde" einmal nicht mehr gefallen, kannst du es jederzeit auswechseln.
Bei dieser Möglichkeit bist du natürlich nicht nur auf einen Computerausdruck aus Papier beschränkt.
Bei selbstgemalten Brettern kannst du auch getrocknete Blätter und Blüten (die Geister mögen natürliche Materialien) verwenden. (Diese bitte erst festkleben, wenn die Position sicher ist).
Viele Maltechniken können hier zum Einsatz kommen: Aquarell, Tusche, Kohle, Filzstifte, Buntstifte – womit du am besten klarkommen.
Außerdem gibt es eine große Papier- und Farbauswahl: farbiges, strukturiertes (Marmor), Fotokarton, selbstgeschöpftes oder ganz einfaches Zeichenpapier.

Der Herstellung sind prinzipiell wirklich keine Grenzen gesetzt. Probiere einfach ein wenig herum!
Ich bin eine Motivstempelsammlerin und verziere meine Bretter gerne mit (ausgemalten) Stempelabdrücken.

4. Eine weitere Variante ist, auf Fotokarton Buchstaben etc. zu kleben. Diese Buchstaben kann man als Aufkleber in einem gut sortierten Warenhaus oder im Schreibwarenhandel kaufen. Oder du lässt in einem Kopierladen ein Alphabet deiner Wahl – entweder selbstgemalt oder als Computerausdruck - auf durchsichtige Klebefolie kopieren, schneidest sie aus, legst sie so, wie sie später angeordnet sein sollen und klebst sie dann erst auf. Auch dieses Werk sollte mit Klebefolie überzogen oder laminiert werden.

5. Und nun zum klassischen Holzbrett, das aus Birke, Eiche oder Fichte sein kann.
Runde oder rechteckige Holzbretter mit bereits glatter Oberfläche und abgerundeten Ecken gibt es in Haushaltswarenabteilungen. Diese sind bis zu 50 x 35 cm groß, bzw. haben einen Durchmesser von 30 - 40 cm.

Ansonsten kannst du in einer Schreinerei, im Baumarkt oder in der ortsansässigen Werkstatt für Behinderte nachfragen.
Selbst zurecht gesägte Bretter müssen an den Rändern noch mit einer Feile glatt gefeilt werden und war es richtig glatt haben möchte, sollte noch mit Schmirgelpapier nachgehen.
Eine Baumscheibe, rund oder oval, mit Rinde sieht auch toll aus. Allerdings ist hier zu beachten, dass Holz arbeitet und reißen kann, wenn man sich eine Baumscheibe aus dem Wald mitbringt.
Die Risse sind dann meistens nur sehr schwer wieder auszubessern. Meine letzte Baumscheibe hatte so große Risse, dass ich sie nur noch in den Kamin als Brennholz geben konnte.
Mein Charmed Brett hat leider auch einen Riss.
Am besten eignen sich geleimte Holzbretter aus Birkenholz.
Die Buchstaben kannst du aufmalen, einbrennen, einzeln aufkleben (siehe Punkt 4) oder eine am Computer gefertigte Vorlage auf Folie drucken lassen und aufkleben. Darüber sollte eine Schutzschicht (Klarsichtfolie oder Klarlack-Lackierung mit Acryl-Lack) kommen. Letzteres wird in mehreren Schichten aufgetragen. Je nach Auflage wird das Brett mit Wachs behandelt, um es vor äußeren Einflüssen zu schützen.

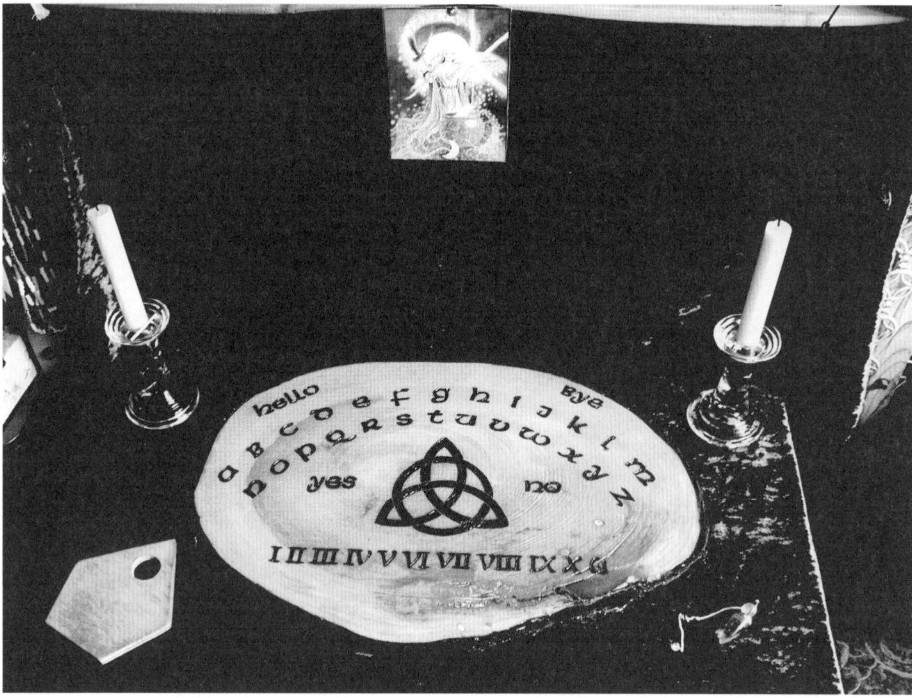

6. Ein großes Foto mit einem Motiv deiner Wahl ist auch eine sehr schöne Idee. Auf diesem Foto kann ein Schloss, eine alte Burgruine, ein Spukhaus, der Mond, eine Landschaft oder ein Tempel abgebildet sein. Vielleicht hast du ja auch ein uraltes Familienfoto (möglichst nur mit Menschen, die nicht mehr unter uns weilen), das schon etwas vergilbt ist. Die so genannte Buchstabentafel kannst du entweder auf eine durchsichtige Folie kopieren lassen oder du lässt dir selbstklebende Buchstaben im Kopierladen nach deiner Vorlage kopieren.

Die durchsichtige Folie mit den Buchstaben wird einfach über das Foto gelegt und an den Ecken fixiert.

Die einzelnen Buchstaben könntest du einfach auf das Foto aufkleben und eine Folie darüber anbringen.

Das Ganze kann auf einer festen Pappe oder einem Holzbrett fixiert werden.

7. Du kannst auch auf Flohmärkten nach alten schönen Tabletts schauen, auf die du Buchstaben klebst (siehe Punkt 4) und darüber eine Folie spannst. Manche haben sogar eine Glasplatte.

8. Der bereits erwähnte "Girardin-Tisch" ist ein runder Tisch mit Glasplatte, unter der du ein selbst entworfenes Board legen kannst.

Die Rückseite des Ouija Brettes

Auf der Rückseite des Ouija Brettes kannst du ein Schild anbringen, auf dem steht: Dieses Ouija Brett gehört...
Schutzzeichen, eine Anrufung oder ein Lieblingszitat sind auch eine gute Idee. Mein Lieblingszitat ist zur Zeit: „Ich denke niemals an die Zukunft, sie kommt noch früh genug". (Albert Einstein)

Und nun zu der Planchette

Eine Planchette für Faule: der eigene Zeigefinger. Dieser Finger sollte immer auf der Planchette liegen. Warum ihn nicht auch ohne Planchette als Zeiger benutzen. Das macht natürlich nur Sinn, wenn man alleine arbeitet.
Ganz wichtig ist, dass eine Planchette sich leicht bewegen lässt und dabei keine Geräusche macht.
Die Planchette ist in der Regel 13 cm lang und an der breitesten Stelle ca. 9 cm. Mit ihr können auch bequem 4 Leute arbeiten.
Sie sollte aus einem recht leichten Material sein, vorzugsweise aus Holz. Fertige Herzchen aus Holz bekommt man in Bastelgeschäften, ansonsten kann man sich auch eines selber schnitzen. Aber auch Materialien wie Plastik kann man verwenden. Oder das berühmte Weinglas, eine kleine Teetasse oder eine schöne Münze. Es gibt in Bastelgeschäften auch Holzringe – ähnlich Gardinenringen – in vielen verschiedenen Größen, die man nehmen kann. So werden die Buchstaben aus der Mitte des Ringes abgelesen.
Eine andere Alternative ist eine Planchette aus Speckstein, ein Material, das sich vorzüglich bearbeiten lässt.
Oder ein altes Schmuckstück...
Ein weiteres Material, dass sich gut verarbeiten lässt, ist Hartschaumplatte aus PVC. Sie ist in verschiedenen Farben erhältlich und kann gesägt, geschnitten, gebohrt, bemalt und geklebt werden. Für eine Planchette reicht eine Stärke von 3 mm.
Wenn die Unterseite deiner Planchette ein wenig zu rauh sein sollte, klebst du ein Stück Filz aus dem Bastelladen darunter. Wenn du Katzen hast wie ich, dann wirkt der Filz wie ein Magnet für Katzenhaare. Diese sollten vor jeder Sitzung entfernt werden.
Du kannst auch ein Pendel verwenden. Das funktioniert besonders gut bei runden Brettern.

Aufbewahrung

Das Brett und die Planchette kannst du jeweils in einem selbst genähten Samtbeutel in der Farbe deiner Wahl aufbewahren. Die Planchette bekommt deshalb einen eigenen Beutel, damit sie weder das Brett zerkratzt noch selbst zerkratzt werden kann.
Oder du fertigst dir eine Holzschatulle an. Manchmal gibt es auch welche im Bauhaus zu kaufen.
Behandle dein Brett wie einen guten Freund und du wirst lange Freude daran haben.
Bedenke bitte, dass dein Brett, sobald du es das erste Mal benutzt hast, mit deiner Energie geladen ist. Niemand außer dir (es sei denn, du bist dabei) sollte es in die Hände nehmen.
Verleihe es auch nicht!

Einige meiner Bretter hängen in meinem Zimmer auch an den Wänden. Das kann man natürlich nur machen, wenn sonst niemand anders das Zimmer betritt.

Wie Geister Kontakt zu uns aufnehmen

Es gibt verschiedene Methoden, wie Geister Botschaften an die Lebenden senden. Diese Kontakte sind meistens unfreiwilliger Natur, das heißt der Lebende hat nicht darum gebeten, zumindest nicht bewusst.
Manchmal kann so etwas unheimlich sein, wenn man mit einem Geist konfrontiert wird, der plötzlich neben einem sitzt oder einem im Spiegel anschaut. Da drängt sich schon fast der Gedanke auf, dass man ständig unter „geistiger" Beobachtung steht. Wenn man das genau nimmt, ist es auch so. Menschen, die die geistige Welt als etwas Natürliches ansehen und ständig mit ihr kommunizieren, stört das aber nicht. Es ist nicht so, dass man nicht mal in Ruhe auf der Toilette sitzen könnte. Wer seine Fühler in Richtung der Geisterwelt streckt, kann jederzeit mit einem Kontakt rechnen. Die meisten Geister wissen, wann sie stören dürfen und wann nicht.
Es ist ein sehr merkwürdiges Gefühl und ich musste mich daran gewöhnen, als ich häufiger „Besuch" bekam. Ich muss auch zugeben, dass es zu Anfang manchmal etwas erschreckend für mich war, wenn sich plötzlich neben mir, im Spiegel oder telepathisch jemand zu erkennen gab.

Manchmal sind es kleine Zeichen, die von Geistern losgeschickt werden, um auf sich aufmerksam zu. Dazu gehören Dinge, wie Schmetterlinge, die dich einen langen Teil deines Weges begleiten. Manchmal erklingt auch das gemeinsame Lieblingslied, wenn man nun gar nicht damit rechnet. Telefonanrufe, bei denen niemand etwas sagt, seltsame Computerbotschaften, wenn Dinge plötzlich auftauchen, die man schon seit ewigen Zeiten sucht, Klopfgeräusche auf dem Dachboden oder Geräusche im Küchenschrank, dein Haustier starrt immer in die gleiche Ecke, wenn das Radio immer wieder angeht, obwohl man es ausgemacht hat, Erscheinungen im Spiegel oder man zieht immer wieder die gleiche Tarot Karte etc. Wenn du also etwas Ungewöhnliches bemerkst, ist es Zeit für eine Séance.

In seinem Buch „Signale" beschrieb Joel Rothschild, wie sein verstorbener Freund Albert Kontakt zu ihm aufgenommen hatte. Ein nebelartiges Licht erschien des Nachts über seinem Bett und sein Freund sprach mit ihm. Ein anderes Mal druckte sein Computer einfach in der Ecke eines Blattes ein Herzchen aus, was sich an einem anderen Computer sogar wiederholte.

Eine Frau erzählte mir einmal von Lichterscheinungen. Ich stellte alle Fragen einer Skeptikerin: Scheinwerferlicht von vorbeifahrenden Autos, Polizisten, die nachts Häuser ableuchten, weil sie etwas suchen (das kommt bei uns tatsächlich vor), Blitze, Licht vom Nachbarhaus, Probleme mit der Netzhaut etc. Sie war sich sehr sicher, dass alles bei ihr so abgedunkelt war, dass diese Lichterscheinungen als real einzustufen waren. Aber Botschaften anderer Natur bekam sie leider nicht, auch nicht nach einer Séance.

Geister können scheinbar sehr gut mit Elektrizität umgehen. Viele versuchen ihre Botschaften per Video, Kassettenrecorder, Radio und Telefon loszuwerden. Der Film „Ring“ handelt von solch einem Fall: Ein verstorbenes Mädchen bannte ihre Botschaft auf ein Video. Leider war diese Botschaft von einem Werbespot überlagert. Mehr erzähle ich jetzt nicht, sonst nehme ich dir die ganze Spannung.

Sylvia Browne schrieb in einem ihrer Bücher, dass sie eine Séance auf Kassette aufgenommen hatte. Als sie diese Kassette später abspielte, hörte sie Botschaften eines Geistes, die sie während der Séance nicht gehört hatte.

Evelyn hatte sich einige Jahre nach dem Tod ihres Mann wieder neu verliebt. Als dieser Mann mehr von ihr wollte, bekam sie ein schlechtes Gewissen. Sie meinte zu mir während einer Kartenlegung, dass sie das Gefühl habe, wenn sie darauf eingeht, dass sie ihren verstorbenen Mann verraten würde. Ich sagte ihr, dass er glücklich wäre, wenn sie nun endlich wieder ihr eigenes Leben führen würde. Er hätte auch nichts dagegen, wenn dazu eine neue Liebe gehört. Nach diesem Gespräch bekam sie Telefonanrufe. Außer einem lauten Rauschen hörte sie nichts und geriet schon fast in Panik. Ich dachte erst, dass ihr schlechtes Gewissen Ursache dieser Anrufe sei. Ich riet ihr zu einer Ouija Brett Sitzung, die sich aber dann erledigte, nachdem sie eine Botschaft über das Telefon erhielt. Durch ihre Angst hatte sie nie richtig zugehört. Ihr Mann teilte ihr mit, dass er sie liebt und sie wieder glücklich sehen wolle. Danach hörten die Anrufe schlagartig auf, und sie konnte sich auf die neue Liebe einlassen.

Manchmal wenden sich Geister sehr eindrucksvoll an Menschen, wenn ihnen Unrecht angetan wurde. Wenn zum Beispiel durch ihre Gegend eine Straße führt, die sie dort nicht haben wollen – schließlich hat sie ja auch niemand gefragt – dann sorgen sie dafür, dass es immer wieder Unfälle gibt. Man könnte diese Geister damit beruhigen, in dem man ihnen wenigstens Opfer wie Schnaps und Tabak bringt.
In Island ist man dort ein weiter: eine staatliche Elfenbeauftragte kümmert sich darum, dass zum Beispiel Straßen so gebaut werden, dass Zwerge und andere Geistwesen ihre Heimat nicht verlieren. Sie besitzt eine Karte, auf der

die Wohnsitze der Geister eingetragen sind. Dort hat man daraus gelernt, welche Konsequenzen folgen, wenn man die Geisterwelt schlichtweg missachtet.

Sicher kennst du das auch, dass plötzlich alle Menschen im Betrieb gleichzeitig verrückt spielen. Sie schreien sich an, Dinge fallen herunter und jeder hat einfach schlechte Laune. Du weißt, dass es nicht am Wetter liegt oder alle Frauen gleichzeitig ihre Tage haben. Wenn du unauffällig diesem Treiben ein Ende machen willst, dann backe oder kaufe Plätzchen mit Zimt und/oder Vanille für alle. Natürlich dürfen sich auch die Geister davon bedienen. Wenn viele Raucher im Betrieb sind, sollten sie eine Raucherpause einlegen. Der Qualm beruhigt auch die Geister.
Manchmal muss man ihnen aber auch einfach nur mitteilen, dass man weiß, was gespielt wird. Sobald man sie enttarnt hat, hören sie auf.

Ouija - Alternativen und weiterführende Techniken

Die Planchette fand ihren ersten Einsatz als „schreibendes Brettchen“, bevor sie zum Anzeiger auf dem Ouija Brett wurde. Das schreibende Brettchen war dafür gedacht, dass mehrere Leute mit ihr „automatisch“ schrieben. Wie bei der Planchette halten die anwesenden Personen zwei Finger auf ihr und lassen sich vom anwesenden Geist führen.
In der schreibenden Planchette befinden sich drei Löcher. In zwei Löcher wurden die hölzernen (möglichst mit Rollen versehen) Beine gesteckt und in dem dritten Loch wurde der Stift befestigt.

Die Planchette, so wie wir sie heute auf dem Ouija Brett nutzen, kann auch auf Landkarten, Hausgrundrissen, Pendelscheiben etc. verwendet werden.

Tischrücken ist eine volkstümliche Bezeichnung für spiritistische Séancen. Hierbei setzen sich Leute um einen möglichst runden Tisch und legen ihre Hände flach auf die Tischplatte. Nach der Anrufung und Fragestellung fängt der Tisch an sich zu bewegen. Wenn er einmal mit einem Tischbein klopft, bedeutet das “JA”, bei zweimal “NEIN”. Man kann auch vereinbaren, dass der Tisch durch Klopfzeichen auch Worte weitergibt, einmal für A, zweimal für B usw. Das ist allerdings eine sehr zeitaufwendige Methode.

Automatismus beinhaltet neben automatischem Schreiben, auch Malen, Zeichnen, Singen und Sprechen. Dies ist eine sehr leichte und schnelle Methode, die weder eine zweite Person noch ein Aufnahmegerät benötigt. Zum Schreiben verwendet man am besten einen Bleistift. Die Fähigkeit dazu kommt häufig aus dem Unterbewusstsein und meist im Zustand der Trance, also unwillentlich.
Es ist möglich, auf diesem Weg mit jemand anderem, der viele Kilometer entfernt wohnt, zu kommunizieren. Das und auch das Automatische Schreiben werden sehr eingehend in dem okkulten Roman "Ein dämonischer Liebhaber" von Dion Fortune beschrieben. Ein Bruder einer Loge unterhält sich in Trance mit einem Bruder einer anderen Loge. Das bezeichnet die Autorin als okkultes Telefon.
Es gibt Medien, die innerhalb von zwei Minuten so viel Text aufschreiben, für den jeder andere 20 Minuten benötigen würde.
Automatisch angefertigte Zeichnungen gibt es von Austin Osman Spare (englischer Trance-Künstler und Okkultist; 1888-1956), Max Ernst und Joan Miró.

Wenn du das automatische Schreiben oder Zeichnen versuchen möchtest, brauchst du einen Schreibblock (möglichst mit Spirale, zum schnelleren Umblättern) oder einen Zeichenblock. Für das Schreiben benötigst du einen harten, angespitzten Bleistift (die Erfahrung hat mich gelehrt, immer zwei oder mehr Bleistifte parat zu haben).
Setze dich an den Tisch, stelle beide Füße auf den Boden auf und lege beide Unterarme auf den Tisch. Drehe nun das Licht auf ein augenfreundliches Level (nicht zu hell, weil das ablenken kann), setze deine Brille ab (vorausgesetzt, du bist Brillenträgerin) und nimm die Geräusche um dich herum wahr.
Lass die Geräusche zu und integriere sie in deine gleichmäßige Atmung. Zähle nun von 10 an rückwärts bis 1, um dich auf die Trance vorzubereiten. Lass alle Gedanken los und vor allem die, über die du gleich schreiben oder zeichnen willst.
Nimm den Bleistift in deine Schreibhand und halte ihn ganz locker über das Papier.
Sollte sich zu Anfang nichts tun, ist es in Ordnung, wenn du einfach ein paar Kringel malst. Manchmal muss sich das Handgelenk etwas lockern.

Erinnere dich an dein letztes langweiliges Telefongespräch. Viele Menschen kritzeln dann ganze Telefonbücher und Schreibblocks voll. Genau in diese Stimmung musst du dich bringen, wenn du Botschaften erhalten willst.
Wenn du Fragen hast, stelle sie und schreibe die gechannelten Antworten auf. Schreibe ohne nachzudenken, sonst kommst du ganz schnell wieder aus der Trance. Es geht auch nicht um Schönschrift, sondern darum, dass etwas zu Papier gebracht wird.
Bei den ersten Versuchen kann es sein, dass du nur einzelne Worte aufgeschrieben hast oder eine für dich unsinnige Aufreihung von Buchstaben. Spiele mit diesen Buchstaben oder Zeichnungen. Dein Unterbewusstsein wird durch diese Übung angeregt werden, und du wirst die Botschaften bald entschlüsseln können.
Wenn du wieder aus der Trance erwachen willst, zähle bitte von 1 bis 10 und klatsche in deine Hände und erde dich mit einer leckeren Mahlzeit.

Automatisches Schreiben kann man auch am Computer praktizieren. In einem Trance Zustand (siehe oben) sitzt man vor seinem Gerät und hält die Finger über die Tastatur. Der Blick geht auch hier so gesehen ins Leere.
Wenn du eine Art Wahrsagen am Computer machen möchtest, beinhalten die buchstabenlosen Tasten folgende Botschaften:

Entfern-, bzw. Shift Taste:	Etwas verschwindet aus deinem Leben.
Return Taste:	Mehrfach gedrückt bedeutet, dass man sein Vorhaben fortsetzen soll, oder dass die Beziehung weiterhin anhält.
Richtungstasten:	Geben eine Himmelsrichtung an, in der sich etwas abspielen wird oder soll.
Ausrufezeichen:	Jetzt wird es aber Zeit.
Fragezeichen:	Es ist unklar, neue Frage stellen.
Klammern:	Es gibt etwas, was im Unterbewusstsein schlummert.
Plus Zeichen:	Etwas nimmt zu.
Minus Zeichen:	Etwas nimmt ab.
Sternchen:	Als Zeitangabe die Nacht, ansonsten mediale Fähigkeiten.
Prozent Taste:	Ein Teil vom Ganzen
Dollar, Euro Zeichen:	Es geht um Geld
Schlangenlinie:	Eine recht vage Aussage oder Angelegenheit.
Schrägstrich:	Alternative
Paragraphen Zeichen:	Gerechtigkeit, recht haben

Großschrift:	Wenn aus der Kleinschrift plötzlich permanent Großschrift wird oder die Anführungsstriche verwendet werden, wird auf eine sehr dringende Sache hingewiesen, die sich bald ereignen wird.
Raute Taste:	Mehrfach hintereinander wird als Zaun, Gefängnis gedeutet.
Zahlen:	Wenn du zum Beispiel nach einem zukünftigen Freund fragst, und eine 0 erhältst, ist das ein Hinweis darauf, dass er nicht der Richtige ist.

Natürlich kannst du auch ganz normal an der Tastatur schreiben, wenn du in Trance bist, oder die Geister um eine Botschaft bittest.

Für Freunde anderer Schriften, zum Beispiel der Runen, kann automatisches Schreiben mit ihnen besondere Nachrichten beinhalten. Die Bedeutungen findest du unter „Talking Board".

Channeling ist eine Methode, Botschaften von Geistern, spirituellen Führern und Göttern zu erhalten und dem Ouija Brett gar nicht so unähnlich.
Beim Channeling versetzt sich das Medium in Trance, um Botschaften aus anderen Welten „hören" zu können. Hier werden die Botschaften verbal vom Medium an eine schreibende Person weitergegeben.

Einige Medien bieten ihren Körper auch ihrem spirituellen Lehrer an, in ihren Körper zu gehen und durch sie zu sprechen. Nach einer Sitzung weiß ein Medium in der Regel nicht mehr, was der Lehrer durch sie gesagt hat.
Diese Form der Kommunikation ist mir von den alten germanischen Seherinnen bekannt, die Veleda genannt wurden. Auch sie hatten eine bestimmte Technik, ihren Körper einem Geist anzubieten. Dazu setzten sie sich auf einen erhöhten Stuhl, und die anwesenden Menschen sangen sie in Trance. Sobald die Veleda in Trance war, fuhr ein Geist in sie und er konnte von den Anwesenden zu allen möglichen Themen befragt werden. Auch sie wusste nach der Trance nicht mehr, was sie währenddessen gesagt hatte.

Viele bezeichnen die Fähigkeit des Channelings auch als Hellhören. Es gibt Medien, die zwar Botschaften hören, aber keine Geister dabei sehen. Einige Menschen beschreiben ihre Hellhörigkeit so, als würde nicht ein Geist zu ihnen sprechen, sondern ihre innere Stimme. Als Beispiel: ich hatte vor ein paar Jahren auf meinen Mann gewartet. Es verging eine Stunde, zwei, sogar drei. Er meldete sich nicht und plötzlich sagte mir eine Stimme, dass etwas Schlimmes passiert sei. Ich war mir aber sicher, dass ihm nichts passiert war. Als er nach Hause kam, sagte ich ihm, dass ich mir große Sorgen gemacht hatte und neben einem schlechten Gefühl eine Botschaft erhalten hätte. Da meinte er, dass er wegen eines Unfalles mit mehreren Verletzten im Stau gestanden hätte und das hätte ich dann wohl gespürt.

Weitere Fähigkeiten, die in dieses Ressort fallen, sind Hellsehen, Hellfühlen und Hellriechen.
Beim Hellsehen kann ein Medium Geister sehen und ihre Botschaften hören. Diese Art der Kontaktaufnahme ist sehr anstrengend, weil sich das Medium ohne Hilfsmittel auf die Frequenz des Geistes einstellen muss. Es muss seine Energiewellen erhöhen, um das Gesagte vom Geist überhaupt verstehen zu können.
Die Frequenz der Geister ist sehr hoch, so dass man nur ein Gepiepse hört, anstelle einer wohlklingenden Stimme. Gerade zu Beginn der Medialität dauern solche Kontakte nie sehr lange an, weil man es erst lernen muss, seine eigene Energie zu erhöhen. Es gibt auch Geister, die lernen, sich anzupassen (ihre Energie herunterzuschrauben), aber das kostet sie ebenfalls sehr viel Kraft.
Bei spirituellen Führern verhält sich das anders, sie können mit uns auf einer Welle kommunizieren, ohne dass wir uns anstrengen müssen.

Eine weitere Art der Hellsicht beinhaltet das Sehen der Aura von anderen Menschen. Je nach Zustand der Aura kann ein Medium erkennen, was den Menschen beschäftigt, ob er gesund und glücklich ist. Die Aura ist wie eine Schale zu verstehen, die um den gesamten Körper und in einer oder mehreren Farben erscheint. Wenn die Aura unterbrochen oder nur leicht schimmert, ist der Mensch Einflüssen ausgesetzt, die in den meisten Fällen nicht wünschenswert sind.
Wenn du das erst einmal mit bekannten Menschen ausprobieren möchtest, brauchst du sie dir nur ganz genau anzuschauen. Versuche eine Farbe um sie herum zu erkennen. Bei Bekannten hast du die Möglichkeit nachzufragen, ob du mit deiner Einschätzung richtig liegst.
Aurafarben werden wie folgt gedeutet:

Blau (positiv):	Hingabe, Mütterlichkeit
Blau (negativ):	Tendenz zu dunklen Gedanken, bzw. negative Fremdeinflüsse
Braun (positiv):	Fleiß, Ordnung

Braun (negativ):	Krankheit
Gelb (positiv):	geistig sehr fit
Gelb (negativ):	Neid, Habgier
Gold:	göttliche Energien
Grau:	Angst, Krankheit
Grün (positiv):	Harmonie, Frieden
Grün (negativ):	Eifersucht
Orange (positiv):	Gesundheit, Vitalität
Orange (negativ):	Egoismus
Rot (positiv):	Aktivität, Lebensfreude und Lebenskraft
Rot (negativ):	Zorn, Hass, Böswilligkeit
Schwarz:	Besetzung durch dunkle Fremdeinflüsse, Interesse an schwarzer Magie, Faszination für das Schwarze generell.
Violett:	Religiosität, Spiritualität
Weiß:	reinste Gedanken, höchster Grad der Spiritualität

Um das zu trainieren, eignen sich U-Bahn Fahrten. Zwar muss man sich schnell auf eine Person einstellen, da die Kundschaft auch schnell fluktuiert.

Hellfühlen kennst du vielleicht auch schon aus eigener Erfahrung. Du setzt dich bei einem Freund in einen uralten Sessel und plötzlich fühlst du dich, als würdest du keine Luft mehr kriegen. Du spürst, dass irgendetwas nicht stimmt und würdest am liebsten wieder nach Hause gehen. Entweder steht der Sessel falsch, zum Beispiel mitten im Raum mit der Lehne zur offenen Tür, dann könnte man die Tür zu machen, oder der Vorbesitzer hat seine unangenehmen Energien in dem Sessel gelassen.
Diese Geschichten zeigen auch immer wieder, dass man gebrauchte Dinge, egal, ob geerbt oder vom Flohmarkt, reinigen und neu einweihen sollte. Reinigen im Sinne von abwaschen, beräuchern und den Dingen dann als Einweihung einen neuen Platz zuweisen. Alles, was du besitzt, wo du wohnst und arbeitest, nimmt deine Energiemuster an. Man spricht auch davon, dass sich ein Geist besondern gerne dort aufhält, wo er schon zu Lebzeiten gerne seine Zeit verbracht hat.
Es gibt auch Orte, die einem Angst oder zumindest seltsame Gefühle einflößen. Als ich letztes Jahr in Ostdeutschland in der Nähe von Schwerin war, bekam ich einen Kloß im Hals und hörte viele Stimmen. Als wir weiterfuhren, kamen wir an der Gedenkstätte für den Todesmarsch der KZ Häftlinge aus Sachsenhausen vorbei. Es war ganz in Schwarz, riesengroß und zeigte das Elend dieser Menschen. Mir wurde plötzlich das Ausmaß der Katastrophe, die dort stattgefunden hatte, klar, und ich wurde sehr traurig.

Hellfühlen ist eine sehr praktische Fähigkeit für den Alltag, wenn man zum Beispiel eine neue Wohnung sucht, einen Kraftort oder einen Altar einrichtet. Wenn du dir eine Wohnung anschaust und ein gutes Gefühl hast, dann hast du die richtige Wohnung gefunden. Schleicht sich aber ein ungewisses Etwas in dich hinein, verlasse den Ort auf der Stelle.
Als eine Mischung aus Hellfühlen und Hellsehen könnte man folgende Fähigkeit beschreiben: Du nimmst einen Gegenstand in die Hand und du siehst Dinge aus dem Leben des Besitzers. So etwas läuft in der Regel wie ein Film vor dem inneren Auge ab.
Hellriechen stellt sich häufig dann ein, wenn man magisch arbeitet oder Kontakt zu Geistern hat. Es gibt Geister, die sich mit dem Duft bemerkbar machen, die man noch gut in Erinnerung hat. Wenn jemand starker Raucher war, kann es sein, dass du Tabakgeruch wahrnimmst. Bei Frauen sind es häufig blumige Düfte oder Parfüm, bei Männern Aftershave oder Käsesocken. Kinder geben eher keine besonderen Gerüche ab, da sie sich nicht parfümieren oder rauchen. Babys können den Mischgeruch von Puder, Creme, Brei abgeben. Es ist immer ein Geruch, der dem Verstorbenen auch vertraut war. Meine Freundin Gisela lässt die Rosen, die als Schnittblumen auf dem Tisch stehen, erblühen und erduften.
Ich habe auch davon gehört, dass Menschen Verwesungsgerüche wahrnehmen. In diesen Fällen handelt es sich meistens um erdgebundene Geister.

Pendeln ist eine bewährte Methode, um verstaubte Erinnerungen zu wecken und verloren gegangene Dinge wieder zu finden. Es spiegelt deine momentanen Gefühle wider. Es gibt vier Richtungen, in die sich das Pendel bewegen kann: kreisförmig im Uhrzeigersinn und entgegen dem Uhrzeigersinn oder vertikal und horizontal. Zuerst sollte die Richtung für "Ja" ausgependelt werden, die andere Richtung ist dann die für "Nein". Durch das Pendeln über einen Stadtplan beispielsweise lassen sich vermisste Personen wieder finden.
Die einfachste Art, sich ein Pendel selbst herzustellen, ist ein Baumwollfaden, an dem man einen kleinen antiken Schlüssel knotet. Pendel aus Metall sind für Anfänger geeigneter als Pendel aus Edelsteinen, da diese zu schnell ausschlagen.
Ich setze mein Pendel häufig ein, um den Gefühlszustand eines Ratsuchenden noch besser einschätzen zu können. Im günstigsten Fall läuft das so ab, dass zu Beginn des Gespräches das Pendel in die Nein-Richtung ausschlägt. Schlägt es am Ende in die Ja-Richtung aus, weiß ich, dass es dem Menschen wieder etwas besser geht und ich ihn getrost gehen lassen kann.

Wünschelrutengänger versuchen vor allem Wasseradern aufzufinden, aber auch Öl, Mineralien, Erze und Schätze. Im Vietnam fand man mit dieser Methode erfolgreich Landminen.
Die Rute ist meistens aus einem Haselnusszweig, aber heutzutage gibt es auch welche aus Metall.

(Bild aus Georgius Agricolas Hauptwerk „De re metallica XII libri", erschienen im Jahr 1556: Auf dieser Abbildung werden die drei wichtigsten Phasen einer Wünschelrutenerkundung dargestellt: Versorgung, Suche und Ortsanzeige.)

Talking Board – Die sprechende Scheibe

Das Talking Board ist eine Mischung aus Ouija Brett, Tarot, Runen, Astrologie etc. Du kannst neben dem Alphabet und Zahlen alle Symbole aufmalen, die eine Bedeutung für dich haben, sprich: mit denen du sicher umgehen kannst. Die Bedeutungen der Symbole habe ich recht kurz gehalten, um einen kleinen Überblick zu geben. Wer sich in einige Symbole vertiefen möchte, findet in der Quellenangabe die passende Literatur.
So ist diese Scheibe nicht nur für die Anrufung Verstorbener gedacht, sondern auch für die ganz alltägliche Orakelbefragung.
In der Regel ist ein Talking Board rund und die Symbole sind im Kreis angeordnet. Man kann entweder eines in Amerika bestellen, da es hier auf dem deutschen Markt noch keine in der Art gibt, oder sich eines selber basteln. Die zweite Variantc hat den einfachen Vorteil, mit all den Symbolen zu arbeiten, die dir bisher schon viele Dienste erwiesen haben.
Meine größte Scheibe hat einen Durchmesser von 34 cm, die kleinste von 25 cm.
Als Zeiger benutze ich bei der großen Scheibe einen Holzring aus der Gardinenabteilung und bei der kleinen ein Pendel. Natürlich funktioniert auch eine ausgeschnittene Planchette aus dicker Pappe oder Hartschaumplatte (aus dem Heimwerkermarkt).

Die kommenden Vorschläge sind von mir erprobt, aber du solltest auch den Mut haben, eigene Vorstellungen mit einfließen zu lassen.
Wenn du eine sprechende Scheibe (gilt auch für runde Ouija Bretter, in denen die Buchstaben und Zahlen im Kreis angeordnet werden sollen) selber machen möchtest, brauchst du folgende Dinge:

- weißen Fotokarton (am besten doppelt nehmen, damit es etwas stabiler wird)
- einen Zirkel, ein Lineal, ein Geodreieck
- einen weichen Bleistift, Radiergummi, Filzschreiber und Buntstifte, Prittstift
- selbstklebende, durchsichtige Buchfolie, um das Brett nach Vollendung vor den eventuell auftretenden Gebrauchsspuren zu schützen

Die wichtigste und einzige Rechenformel, die du brauchst, um alle Symbole und Zeichen gleichmäßig unterzubringen, lautet:
Kreisumfang U = 2 x Pi x r.
Auf deutsch und für alle, die ihren Schulabschluss vor einem halben Jahrhundert gemacht haben: 2 x 3,14 x Radius (Radius = Durchmesser geteilt durch

2). Wenn du nun den Kreisumfang ermittelt hast, teilst du diesen durch die Anzahl der Symbole. Zum Beispiel du hast einen Kreisumfang von 70 cm und möchtest nun den Abstand der Buchstaben auf die Scheibe eintragen, dann musst du 70 geteilt durch 26 rechnen. Dabei kommt 2,69 heraus.
Darauf stellst du den Zirkel ein und machst an dem Kreis die Markierungen. So ist auf dem Kreis jedes Feld 2,69 cm breit.
Keine Sorge, das Schlimmste hast du nun hinter dir.

Jetzt ziehst du den äußersten Kreis des Brettes. Für jede von dir gewünschten Ebene berechnest du bitte 1 – 3 cm. Für die Mitte sollte ein Durchmesser von ca. 3 – 4 cm frei bleiben, da diese Fläche für den Start jeder Sitzung gedacht ist. In diese Fläche kannst du ganz nach deinem Geschmack ein Pentagramm, einen Baum, eine lachende Sonne, deine Initialen oder ein ganz persönliches Schutzzeichen malen.

Wenn du viele Ebenen brauchst, um möglichst viel unterzubringen, kannst du aus einer Ebene zwei machen, indem du die Symbole im Zickzack anordnest. Das sieht sehr schön aus. Dazu sollten die Themen der beiden Ebenen gleich viele Felder benötigen.

Je mehr Ebenen du unterbringst, desto verwirrender kann das ganze Brett wirken. Wichtig ist dann, dass jede Ebene ihre eigene Farbe erhält, zum Beispiel die Buchstaben lila, die Zahlen grün etc.

Manche Ebenen sind vielleicht überflüssig, weil sich ihre Symbolik in anderen Symbolen wiederholt, zum Beispiel Runen und Alphabet, Planeten und Farben / Wochentage, Tierkreiszeichen und Monate.
Das heißt, wenn du die Planeten als Symbole auf die Scheibe bringst und sie in den dazugehörigen Farben ausmalst, kannst du dir die Ebenen Farben und Wochentage sparen.
Meine Scheiben haben 7 oder 8 Ebenen. Es gibt natürlich noch viel mehr Möglichkeiten. Diese zähle ich auch auf, damit du selber eine Auswahl treffen kannst. Für die verschiedenen Symbole habe ich auch die Farben angegeben, die du beim Ausmalen verwenden kannst.
Selbstverständlich kannst du zum Beispiel die Buchstaben mit einem dunkellila Filzstift schreiben und die Felder, in denen sie stehen, mit einem helllila Buntstift ausmalen.
Bei den Beschreibungen des Tarot etc. halte ich mich kurz. Wie ich oben schon anmerkte, sind nur Symbole sinnvoll, die du auch deuten kannst. Oder du nimmst für Kurzinterpretationen dieses Buch zur Hand. Eine ausführliche Beschreibung findest du in meinen anderen Büchern (Nerthus´ Buch der Schatten und Nordische Magie).
Um sicher zu gehen, dass dir keine Fehler passieren, empfehle ich dir, die Symbole (der Buchstaben, Runen, Mondstände, Planeten, Tierkreiszeichen usw.) etc. mit einem weichem Bleistift vorzumalen. Dieser lässt sich einfach wieder ausradieren, wenn du helle Farben verwenden möchtest (dann sieht man diese Striche nicht).

Beschreibung der Ebenen:

Ebene A (äußerster Ring) ca. 1 cm: Himmelsrichtungen (4 Felder)

Osten: gelb, Anfang, Morgen, Frühling, Luft, Inspiration, Ideen, Geist, Schwert, als Zeichen: Wolken, Wächter der Türme: Eurius

Süden: rot, Mittag, Sommer, Feuer, Arbeit, Transformation, Tatkraft, Wille, Stab, als Zeichen: Feuer, Wächter der Türme: Notus

Westen: blau, Ende, Abend, Herbst, Wasser, Gefühle, Medialität, Intuition, Kelch, als Zeichen: Muschel oder Wasser, Wächter der Türme: Cephyrus

Norden: grün, Nacht, Winter, Erde, Magie, Beständigkeit, Körperlichkeit, Geld, Münze, als Zeichen: Steine, Wächter der Türme: Boreas

Ebene B (Gegensätze bitte immer gegenüber anbringen) ca. 1 cm: Worte (22 Felder)

Hallo, Auf Wiedersehen, Ja, Nein, Vielleicht, Bald, Alt, Neu, Geben, Nehmen, Stopp, Gehen, Anfang, Ende, Fern, Nah, Jetzt, Später, Zuhören, Abwarten, Andere Person, Du.

Ebene C, ca. 2 – 3 cm: Buchstaben (26 Felder)

Einmal das Alphabet rundherum

Ebene D, ca. 1 oder 3 cm, Tarot (22 Felder)

Hier kannst du dich dafür entscheiden, nur die römischen Ziffern zu verwenden oder auch zusätzlich die Bezeichnungen, die hinter den Ziffern stehen.

0	Der Narr	Kind, Unschuld
I	Der Magier	Geliebter, Job
II	Die Hohepriesterin	Geliebte, Geheimnis
III	Die Herrscherin	Mutter, Herzensdame, Geld
IV	Der Herrscher	Vater, Herzensmann, Geborgenheit
V	Der Hierophant	Priester, Sturheit, Traditionen
VI	Die Liebenden	Herzensentscheidung, Weg
VII	Der Wagen	Aufbruch, Reise, Umzug, Fahrzeug
VIII	Die Gerechtigkeit	Bilanz ziehen, Anwalt, Richter, Gericht
IX	Der Eremit	Innenschau, einsamer Mensch, Studium
X	Das Rad des Schicksals	Geduld, Berufung, hilfreich
XI	Die Kraft	Lebenskraft, Mut
XII	Der Gehängte	Krise, Prüfung
XIII	Der Tod	Verwandlung, Änderung, Krankheit
XIV	Die Mäßigkeit	Gleichgewicht, geistige Führung, Vertrauen
XV	Der Teufel	innerer Dämon, Sucht, Traurigkeit
XVI	Der Turm	Befreiung unter Schmerzen, Geistesblitz, Glück
XVII	Der Stern	Liebe, Glück, Spiritualität
XVIII	Der Mond	Träume, Visionen, Ängste
XIX	Die Sonne	Lebensfreude, Sorglosigkeit, Talente
XX	Das Gericht	Klärung, Heilung, Erlösung
XXI	Die Welt	Gesundheit, Ganzheit, Frieden, Stabilität

Ebene E, ca. 1 – 3 cm, Runen (24 Felder)

Die Runen stehen nicht nur für unsere Buchstaben, sondern haben in der Regel auch magische Bedeutungen. Außerdem sind sie durchnummeriert, sodass man auch ihre Ziffer als Zahl deuten kann.

1	Fehu	F	Wohlstand, Geldzauber
2	Uruz	U	Stärkung der Willenskraft, Heilung, Kreativitätszauber
3	Thurisaz	Th	aktive Verteidigung, Schutzzauber
4	Ansuz	A	Dichtung, Steigerung der magischen Kräfte, Zaubersprüche
5	Raidho	R	Reise, Fahrzeug, Umzug
6	Kenaz	K, C	das innere Licht, die zündende Idee, Wunschzauber
7	Gebo	G	sexuelle Vereinigung, Liebeszauber
8	Wunjo	W	Freundschaft, vertreibt böse Geister durch gute Laune
9	Hagalaz	H	magisches Wissen, Schutzmagie
10	Naudhiz	N	Schicksal, Widerstand, Schutzmagie
11	Isa	I	Ursprung, etwas auf Eis legen, verlängert Zauber
12	Jera	J, Y	Frieden, Harmonie, schöne Zeit
13	Eihwaz	Ei	Schutz, Erlangen von Wissen, Kommunikation, Erdung
14	Perthro	P	Lebenshilfe, verzeihen lernen, Weissagung
15	Elhaz	Z	göttlicher Schutz, unterstützt Zauber
16	Sowilo	S	Aktivität, Erfolg, Heilung, Heilungs- und Zerstörungszauber
17	Tiwaz	T	Erfolg, Karriere, Auseinandersetzung, schickt Zauber los
18	Berkano	B	weibliche Intuition, Geheimnisse, Frieden, Zauber weben
19	Ehwaz	E	zwischen den Welten reisen, Vertrauen, Schnelligkeit
20	Mannaz	M	heilige Verbindungen, Menschlichkeit, Intelligenz
21	Laguz	L	Reinigung, Heilung, Kräutermagie- und wissen
22	Ingwaz	ng	männliche Energien, Freude am Leben, Liebesmagie
23	Dagaz	D	Balance, Polaritäten, unsichtbare Wesen sehen
24	Odhala	O	Tradition, Ritual, Kraftort

Ebene F, 2 – 3 cm, Planeten (12 Felder)

Die Planeten – jedenfalls 7 von ihnen werden Wochentagen und Farben zugeordnet. Einige Wochentage wurden nach germanischen Göttern benannt. Sie geben den Einfluss an, den du für dich und deine Vorhaben nutzen kannst:

Sonne –	Optimismus, Aktivität, männliches Prinzip – Sonntag – Gold – heilende Rituale – Freundschaftspflege – germanische Göttin Sol (die Sonne) – steht auch für die Sonnengöttin Isis – Tierkreiszeichen Löwe
Mond –	Unterbewusstsein, Passivität, weibliches Prinzip – Montag – Silber – Orakelbefragung, Medialität fördern – germanischer Gott Mani (der Mond) – steht auch für alle dreifaltigen Hexen Göttinnen wie Hekate und Diana – Tierkreiszeichen Krebs
Mars –	Willensstärke, soziales Engagement, männliche Libido – Dienstag – Rot – Schutz, Feinde bannen – germanischer Gott Tyr – Tierkreiszeichen Widder
Merkur –	Kommunikation, Wissen aneignen – Mittwoch – Orange – mit anderen Menschen sprechen, Dinge aus der Welt schaffen – germanischer Gott Odin / Wotan – Tierkreiszeichen Zwilling und Jungfrau
Jupiter –	Sinn des Lebens, Urteilsvermögen, Großzügigkeit – Donnerstag – Grün – Wohlstand, Geld – germanischer Gott Thor – Tierkreiszeichen Schütze
Venus –	Sinn für alles Schöne, Genuss, weibliche Libido – Freitag – Rosa – Liebe und Vergnügen – germanische Göttin der Liebe Freyja – Tierkreiszeichen Stier und Waage
Saturn –	materielle Sicherheit, treue Grundsätze – Samstag – Schwarz – magische Fähigkeiten fördern – Tierkreiszeichen Steinbock
Uranus –	Veränderungen, Freiheit, Unabhängigkeit, magisches Wissen – Violett – Tierkreiszeichen Wassermann
Neptun –	Menschenliebe, spirituelles Erleben, Suchtgefährdung – Purpur – Tierkreiszeichen Fische
Pluto –	Heilkunde, Wille, Okkultismus – Türkis – Tierkreiszeichen Skorpion
Lilith –	Schwarzer Mond, weibliche Urenergie, Kreislauf des Lebens – Schwarz
Chiron –	wunder Punkt, persönliche Schwachstelle – Weiß

Ebene G, 3cm, Tierkreiszeichen (12 Felder)

Jedes Tierkreiszeichen steht auch für einen bestimmten Zeitabschnitt. Wenn du also nach einem Zeitraum für ein Ereignis fragst und auf die Waage kommst, bedeutet das, dass das Ereignis im September / Oktober stattfinden wird.

Fische — 20. Februar - 20. März (Neptun, Element Wasser, Blau)
Wenn du auf dieses Zeichen gekommen bist, wirst du aufgefordert, deine medialen Fähigkeiten zu intensivieren. Setze dich auch für andere Menschen ein, aber glaube nicht immer alles, was man dir so erzählt.
Auf der anderen Seite, wenn du dich ausgenutzt fühlst, bekommst du den Rat, dein Helfersyndrom etwas zurückzuschrauben, um dich ein wenig mehr um dein eigenes Leben zu kümmern.
Da du sehr leicht beeinflussbar bist, solltest du gerade jetzt deinen Standpunkt fest verteidigen.
Auch solltest du die Finger von Drogen lassen. Sie würden deine Probleme nur noch mehr verstärken.

Widder — 21. März - 20. April (Mars, Element Feuer, Rot)
Willensstärke und Kraft brauchst du jetzt, um auch bei unüberschaubaren Unternehmungen durchzuhalten.
Kämpfe für die Dinge, die dir wichtig sind.
Mit viel Hingabe kannst du Menschen wie auch Tieren helfen.
Sei bitte nicht immer so ungeduldig, manche Menschen brauchen eben etwas länger als du. Das kannst du nicht ändern, aber deine Nerven schonen, in dem du dich nicht immer über Kleinigkeiten aufregst.

Stier — 21. April - 20. Mai (Venus, Element Erde, Grün)
Jetzt solltest du genießen können – schönes Essen, Zweisamkeit und deine Hobbys.
Ein Dickkopf wäre in dieser Situation auch angesagt, weil deine Gefühle richtig liegen. Bestehe auf das, was du hast.
Andere Menschen suchen deine Gesellschaft, weil du einen angenehmen Erzählstil hast und sehr beruhigend wirkst.

Zwillinge — 21. Mai - 21. Juni (Merkur, Element Luft, Gelb)
Deine Kommunikationsfähigkeit ist gefragt. Da du sehr viel lernst und weißt, möchtest du dich gerne austauschen.

	Dein Talent, anderen Menschen etwas zu lehren, steht hier im Vordergrund. Bitte lass dich nicht von deinen Zweifeln leiten, diese würden dich lediglich von deinem Ziel abhalten. Finde das richtige Maß.
Krebs	22. Juni - 22. Juli (Mond, Element Wasser, Blau) Du kannst nun deine hausfraulichen und mütterlichen Aspekte ausleben: für die Familie da sein und sie umsorgen. Allerdings sei hier darauf geachtet, dass du es nicht tust, um Dankbarkeit zu erwarten, sondern bedingungslos und aus reinem Herzen. Eine romantische Zeit wartet auf dich. Deine künstlerischen Talente warten auf ihre Befreiung. Es wird Zeit, dass du deiner wahren Berufung folgst.
Löwe	23. Juli - 22. August (Sonne, Element Feuer, Rot) Vitalität und Kraft führen dich zum Erfolg. Wenn du auftauchst, geht für andere Menschen die Sonne auf. Stecke andere Menschen mit deinem Optimismus an, wenn du ein Projekt planst.
Jungfrau	23. August - 22. September (Merkur, Element Erde, Grün) Es wird Zeit, etwas kritischer mit einigen Dingen umzugehen. Du solltest jetzt besonders genau und gewissenhaft sein. Wenn es um deine Gesundheit geht, wäre jetzt ein guter Zeitpunkt, um einen Gesundheitsscheck beim Hausarzt zu machen.
Waage	23. September - 22. Oktober (Venus, Element Luft, Gelb) Du hast es dir zur Aufgabe gemacht, das Schöne zu entdecken, zu kultivieren und anderen Menschen nahe zu bringen. Wenn du auf einer so genannten Friedensmission bist, damit jeder Mensch in Harmonie leben kann, musst du dich davon befreien, es allen recht machen zu können. Ansonsten versinkst du selbst im Gefühls-Chaos.
Skorpion	23. Oktober - 21. November (Pluto, Element Wasser, Blau) Deinem Interesse an Schamanismus und Heilkunde solltest du jetzt nachgehen. Ergründe deine eigene Tiefe. Verschwende deine Energie nicht damit, anderen Menschen deinen Willen aufzuzwängen, sondern setze sie für Dinge ein, die deine Entwicklung fördern.
Schütze	22. November - 21. Dezember (Jupiter, Element Feuer, Rot)

Begib dich auf die Suche nach dem Sinn des Lebens. Was ist deine Aufgabe in diesem Leben?
Sei einfach auch mal großzügig und das nicht nur in materiellen Dingen.

Steinbock 22. Dezember - 20. Januar (Saturn, Element Erde, Grün)
Du lebst in materieller Sicherheit. Bleibe deinen Grundsätzen treu und gehe verantwortungsvoll mit dieser Situation um.
Es ist in Ordnung, wenn du dich jetzt ein wenig zurückziehst. Du brauchst diese Zeit für dich.

Wassermann 21. Januar - 19. Februar (Uranus, Element Luft, Gelb)
Veränderungen machen dir nicht viel aus. Du brauchst sie, um neue Erfahrungen zu sammeln, sei es in der Liebe oder im Beruf.
Es ist immer von Vorteil für dich, auf deine Intuition zu hören.

Ebene H, 1,5 cm, Farben (11 Felder)

Wenn dir die Farbgebung bei Planeten reicht (grau und braun fehlt dort), könntest du auf diese Ebene verzichten.
Farben geben nicht nur die Farben von Gegenständen und Haaren, Hautfarbe etc. an, sondern haben auch ihre individuelle Bedeutung.

Blau	Heilung, Schutz, Frieden, Meditation
Braun	Beständigkeit, Freundschaft,
Gelb	Glück, Heilung, Lebensfreude, Wahrheit, Kommunikation
Grau	Mäßigkeit, Balance, Schutz
Grün	Fruchtbarkeit, Schwangerschaft, neuer Lebensabschnitt
Lila	Spiritualität, Hexenwissen
Orange	Erfolg, Arbeit, Gerechtigkeit
Rosa	Sanfte Liebe, Freundschaft, Harmonie
Rot	Liebe, sexuelles Verlangen, Aktivität, Lebenskraft, Wille
Schwarz	Schutz vor unerwünschten Energien, Verteidigung, Träume
Weiß	Schutz, für jede Farbe einsetzbar

Ebene I, 2-3 cm, Zahlen (10 Felder)

Zahlen können nicht nur Zeiträume oder Mengen angeben, sondern haben auch ihre Bedeutungen.

0 Anfang und Ende, nichts ist verloren
1 Beginn von allem Neuen, Ursprung, Entwicklung deiner Persönlichkeit
2 Wie sind deine Beziehungen zu anderen Menschen? Dies hier ist die Aufforderung, sich immer beide Seiten anzuschauen, Toleranz
3 Wie lernfähig bist du? Zahl der dreifaltigen Göttin, Weisheit ist vorhanden
4 Zahl der Stabilität und Wahrheit, Festigkeit und Dauer
5 Dein Weg der Spiritualität, Schutz
6 Harmonie in Beziehungen, Zahl der Vereinigung zwischen zwei Menschen
7 Zahl des Sieges, alle sieben Jahre erneuern sich etwas in uns
8 Steht für Fülle, Kraft, Ausgewogenheit, Willen, Zeit der Prüfung,
9 erfülltes Leben, Verwirklichung der göttlichen Idee

Ebene J, 1,5 – 2 cm, Symbole (12 Felder)

Herz	Liebe
Baum	Beständigkeit, hohes Alter
Klee	Glück
Staffelei und / oder Noten	künstlerisches Talent
Fee	göttlicher Beistand
Lachender Smiley	alles wird gut
Trauriges Smiley	zurzeit. läuft es nicht so gut
Münze	Geld kommt ins Portmonee
Buch	Geheimnis
Sterne	Spiritualität
Mond	Gefühle
Sonne	Heilung

Ebene K, Mitte der Scheibe, ca. 3 - 4 cm Durchmesser

In der Mitte der Scheibe, von wo aus jede Sitzung beginnt, kannst du ein Schutzsymbol zeichnen. Ein Pentagramm, einen Baum, das Runenzeichen Elhaz (15. Rune)

Weitere Ebenen

Wenn du zum Beispiel ein schamanisches Brett machen möchtest, kannst du neben den Zahlen, Buchstaben und Himmelsrichtungen, noch Ebenen für Mondphasen, Krafttiere und Heilpflanzen machen. Allerdings sieht es natürlich nicht so schön aus, wenn man nur die Bezeichnungen in die Felder schreibt. Aber vielleicht kannst du ja gut zeichnen oder machst eine Collage, in dem du die Symbole aus einer Zeitschrift ausschneidest.

Mondphasen:

Es gibt 8 verschiedene Mondphasen, die natürlich alle ihre Bedeutung haben.

Neumond	etwas Neues anfangen, in die Zukunft schauen
Zunehmender Mond	etwas (ver)mehrt sich
Halbmond	Halbzeit, die Hälfte des Weges ist geschafft, also weiter vorwärts
Zunehmender Mond	etwas (ver)mehrt sich, etwas nähert sich schnell seinem Ziel
Vollmond	am Ziel, viel Freude, alles ist gut
Abnehmender Mond	etwas wird gemindert

Halbmond	Halbzeit, wenn etwas verschwinden soll, arbeite weiter daran
Abnehmender Mond	etwas verschwindet nun langsam, aber sicher

Krafttiere – 3 cm

Auch hier habe ich nur eine Auswahl getroffen, die für eine Scheibe völlig reicht. Sollte dein Lieblingstier nicht dabei sein, dann füge es doch noch dazu.

Hund	Treue und Loyalität
Katze	Anhänglichkeit und Eigensinnigkeit
Krähe	Dieb und Gelehrigkeit
Pferd	Spiritualität und Sexualität
Wolf	Lehrer und Führer
Taube	Liebe und Fruchtbarkeit
Schmetterling	Leichtigkeit und Transformation
Biene	Fleiß und Strebsamkeit
Fisch	Lebensfreude und Geschicklichkeit
Gans	Schutz und Warnung
Möwe	Unabhängigkeit und Aufdringlichkeit
Kaninchen	Geselligkeit und Schnelligkeit

Heilpflanzen (16 Felder)

Hier könnte man ein gepresstes Blatt, Pflanzenteil oder Blüte der jeweiligen Pflanze aufkleben.

Lavendel	es tritt eine Beruhigung ein
Lorbeer	finanzielle Dinge regeln sich
Kiefernnadel	du kannst wieder durchatmen
Kamille	lasse deine Ängste los
Thymian	stärke deine Nerven, dickes Fell anschaffen
Salbei	deine Stimmung hebt sich und du wirst beschützt
Rosmarin	regt dich an
Rose	Liebe tritt in dein Leben
Minze	du musst dich mehr konzentrieren
Zimt	bringe dein Liebesleben wieder in Schwung
Fenchel	entgifte deine Gedanken
Wacholder	mache deinen Schutzgeistern ein Geschenk
Holunder	Frau Holle stellt dir eine Aufgabe
Basilikum	fordere dein Glück ein
Oregano	du musst auf deine Ernährung achten
Eisenkraut	deine Kreativität muss ausgelebt werden

Deutung

Wenn du eine Frage hast, kannst du dich von deiner Planchette zu drei Symbolen führen lassen. Du möchtest gerne wissen, ob es beruflich für dich aufwärts geht.
Die drei Symbole, auf die du gekommen bist, sind zum Beispiel die Rune Wunjo, Tierkreiszeichen Stier und der zunehmende Mond. Hier ist die Aussage, dass die Arbeit dir weiterhin Spaß machen wird, dass sie dir erhalten bleibt und es aufwärts gehen wird.
Es erfordert vielleicht viel Übung mit der Scheibe zu arbeiten, aber es macht viel Spaß und die Ergebnisse können sich sehen lassen.
Genaue Zeitangaben kannst du abfragen, zum Beispiel wann du deinen Prinzen kennen lernen wirst. Wenn du auf die Waage kommst, weißt du, dass es in dem Bereich September / Oktober sein wird.
Oder du möchtest etwas Bestimmtes tun und kannst dich nicht so recht entscheiden. Frage die Scheibe, welcher Tag günstig wäre. Kommt die Planchette auf dem Merkur zu stehen, weißt du, dass Mittwoch der richtige Tag ist.
Wenn du ein Projekt auf die Beine stellen möchtest, hast aber zu viele Bedenken, ob das gut gehen kann. Frage die Scheibe, was dir fehlt, um das Projekt zum Erfolg zu bringen. Kommst du auf den Widder oder die Herrscherin, weißt du, dass du einfach mehr Willensstärke aufbringen musst und die Sorgen vergessen solltest.

Ouija in Schrift und Bild

In Horrorfilmen werden dem Ouija Brett sehr unheimliche Eigenschaften zugesprochen, aber gerade das ist ja wirksam für die Dramatik (sonst wäre so ein Film ja auch kein Horrorfilm). Es mag irreführend für denjenigen sein, der sich mit dem Brett beschäftigen möchte. Mittlerweile gibt es aber auch Filme und Serien, die sich recht ernsthaft mit dem Thema Ouija beschäftigen.

Filme:

1. Witchboard 1 bis 3 - der erste Film ist mit Abstand der beste (1985, 1993, 1995)
2. The Exorcist (1973) mit Linda Blair
3. Repossessed (1990) Persiflage auf "The Exorcist" mit Linda Blair und Leslie Nielson
4. Amityville 3-D (1983) mit Tony Roberts und Tess Harper
5. Awakenings – Zeit des Erwachens (1990) mit Robin Williams u. Robert de Niro
6. The Uninvited (1944) mit Ray Milland und Ruth Hussey
7. Only you (1994) mit Marisa Tomei und Robert Downey Jr.
8. Schatten der Wahrheit (2000) mit Harrison Ford und Michelle Pfeiffer
9. Geheimnissvolle Freundinnen (2003) mit Mina Tander, Nadeshda Brennicke, Susanna Simon, Margit Sartorius und Götz George in einer Nebenrolle (Pro Sieben First Produktion)
10. Mord in der Mittsommernacht (2003) Gemeinschaftsproduktion von Dänemark und Schweden

Serien

1. Charmed – Die bezaubernden Hexen, Pilotfolge (1998) und die Folge "Nachricht von Max" mit Shannen Doherty, Holly Marie Combs und Alyssa Milano
2. Tales from the Crypt – Geschichten aus der Gruft, (1972) "Poetic Justice" mit Peter Cushing
3. Die Waltons, 2. Staffel, Folge 47 „The Ghost Story", Erstausstrahlung 14.02.1974 (im Originalton wird das Ouija Brett als Spirit Board bezeichnet)

Bücher

Kai Meyer „Das zweite Gesicht", Heyne 2002 (zwei Séancen mit einem Ouija Brett)
Isabel Abedi „Whisper", Arena Juni 2005

Wer gute Geistergeschichten mag, wird mit folgenden Büchern und Filmen gut unterhalten.

Bücher

Sarah Waters „Selinas Geister", Aufbau Taschenbuch Verlag 2002 (eine sehr gute Beschreibung des Spiritismus im viktorianischen England)
Eoin Colfer „Meg Finn und die Liste der vier Wünsche", List 2004

Oscar Wilde „Das Gespenst von Canterville“ Reclam UB 6817
Aus der Reihe „Magic Circle“ von Isabel Bird, Egmont Franz Schneider Verlag
„Hilferufe aus dem Jenseits“, Oktober 2001
„Die Nacht der dunklen Nächte“, Januar 2002
„Im Reich der Geister“, Juli 2003

Serien

Der Geist und Mrs. Muir, produziert von 1968 – 1970, mit Hope Lange und Edward Mulhare (basiert auf gleichnamigen Film von 1947)
Ghostwhisperer mit Jennifer Love Hewitt
Medium mit Rosanne Arquette

Filme

Das Gespenst von Canterville (1944) mit Charles Laughton und Margaret O´Brien
Der Geist und Mrs. Muir (Ein Gespenst auf Freiersfüßen) (1947) mit Rex Harrison und Gene Tierney
Captain Blackbeard (1968) mit Peter Ustinov und Dean Jones
High Spirits – Die Geister sind willig (1987) mit Peter O´Toole und Jennifer Tilly
Die Geister, die ich rief (1988) mit Bill Murray und Karen Allen
Nachricht von Sam (1990) mit Patrick Swayze und Whoopi Goldberg
Das Gespenst von Canterville (1995) mit Patrick Stewart und Neve Campbell
Hinter dem Horizont (1998) mit Robin Williams und Annabella Sciorra
Echoes – Stimmen aus der Zwischenwelt (1999) mit Kevin Bacon und Kathryn Erbe
The Sixth Sense (1999) mit Bruce Willis und Haley Joel Osment
Haunted Hill (1999) mit Geoffrey Rush und Famke Jansson
Sleepy Hollow (1999) mit Johnny Depp und Christina Ricci
Das Geisterschloß (1999) mit Liam Neeson und Catherine Zeta-Jones
The Gift – die dunkle Gabe (2000) mit Cate Blanchett und Keanu Reeves
The Others (2001) mit Nicole Kidman und Christopher Eccleston
13 Geister (2001) mit Tony Shalhoub
Ghost Ship (2002) mit Juliana Margulies und Gabriel Byrne
Below – da unten hört dich niemand schreien (2002) mit Matthew Davis und Bruce Greenwood
Im Zeichen der Libelle (2002) mit Kevin Costner
Ghost Ship (2002) mit Julianna Luisa Margulies und Gabriel Byrne
Ring (2002) mit Naomi Watts und Martin Henderson
Haus der Verdammnis (2002) mit Joyce Reardon, Stephen King ließ sich hier von der Geschichte des Winchester Hauses inspirieren
Der Fluch der Karibik (2003) mit Johnny Depp und Geoffrey Rush
Die Geistervilla (2003) mit Eddie Murphy und Jennifer Tilly
Talking to Heaven (2003) mit Ted Danson und Mary Steenburgen
White Noise (2005) Schreie aus dem Jenseits mit Michael Keaton
Dark Water (2005) Dunkle Wasser mit Jennifer Connelly

Kuriositäten rund ums Ouija Brett

Für Menschen, die eine gepflegte Gänsehaut bei einer Séance zu schätzen wissen.
Ich möchte mit diesem Kapitel sicher niemandem Angst machen, aber es ist auch wichtig, Gerüchte ums Board zu kennen.

1. Macht die Planchette wiederholt eine „Acht" auf dem Brett, ist ein böser Geist anwesend.
2. Ein böser Geist ist auch dann anwesend, wenn die Planchette in die vier Ecken des Brettes geht.
3. Wenn sich ein böser Geist zu erkennen gibt, soll man die Planchette ganz schnell umdrehen und sie so weiter benutzen. Hast du aber deine Planchette mit Filz unterfüttert, geht das nicht.
4. Wenn du dein Brett loswerden willst und versuchst es zu verbrennen, wird es schreien. Alle, die diesen Schrei hören, werden binnen 36 Stunden tot sein. Wenn du dein Brett dennoch loswerden willst, zerbrich es in sieben Teile, besprenge es mit geweihtem Wasser und vergrabe es.
5. Wenn du eine Silbermünze auf das Brett legst, wird kein böser Geist erscheinen.

Quellen

Bónja, André und Melissa: Channeling für Einsteiger. Bohmeier Verlag, Lübeck, 1. Auflage 2002
Browne, Sylvia: Die Geisterwelt ist nicht verschlossen. Goldmann, München August 2000
Edward, John: Ein letztes Mal, Goldmann, München November 2002
Ford, Arthur: Es gibt ein Leben nach dem Tod, Knaur, München, November 2205
Francia, Luisa: Wohnungen der Geister. Nymphenburger Verlag, München 2002
Knab, Timothy: Der Krieg der Hexen. Goldmann, München, März 2001
Konstantinos, Contact the other side. Llewellyn Publications, First Edition St. Paul 2001
Norderney, Nerthus von: Nerthus´ Buch der Schatten, die neue und alte Magie der Hexen, ein Leben mit der Göttin. Bohmeier Verlag, 1. Auflage, Lübeck 2002
Norderney, Nerthus von: Ouija, Kontakt zu den Geistern. Bohmeier Verlag,1. Auflage, Lübeck 2000
Norderney, Nerthus von: Nordische Magie. Bohmeier Verlag, Leipzig, 2004
Praagh, James van: Jenseitsbotschaften. Goldmann, München, Juli 2000
Time Life: Geheimnisse des Unbekannten: Spiritismus, Vierte Auflage 1993
Warren, Joshua P.: How to hunt Ghosts. Fireside Book, New York 2003

Weiterführende Internet Adressen

Für umfassende Informationen gibt es im Internet das "Museum of Talking Boards". Diese Seite beinhaltet neben Geschichte, Herkunft, Anleitung zum Selberbauen auch eine umfangreiche Galerie (in die man auch seine eigenen Kreationen setzen kann) sowie eine Liste von Herstellern.

www.museumoftalkingboards.com

Das Winchester Haus: www.winchestermysteryhouse.com

Kontakt zur Autorin:
http://www.ouija.de
ouija@ouija.de
http://nerthus.blog.de

Schöne Boards bekommst du bei:
www.witchboardmaster.de
Herr Velasco (Tel.: 0911/682792) macht seine Bretter mit viel Liebe und brennt die Buchstaben ins Holz. Ich würde seine Machart als „back to the roots" bezeichnen, weil die Bretter etwas sehr Ursprüngliches haben.
Und es gibt eine tolle Schreibende Planchette bei ihm.

Danksagung

Zur überarbeiteten Ausgabe: Als Erstes möchte ich mich bei Frau Bohmeier bedanken, die mir den Vorschlag machte, das Ouija Buch zu überarbeiten. Es hat so viel Spaß gemacht, immer wieder neue Dinge auszuprobieren und sie aufzuschreiben.
Weiterhin gilt mein Dank meinen LeserInnen, die mich per Mail kontaktiert oder bei amazon.de ihre Rezensionen hinterlassen haben. Sie haben mir neue Anregungen gegeben, die ich in diesem Buch umgesetzt habe.
Außerdem sollte ich auf die Gefahren des Ouija Brettes hinweisen. Wie schon gesagt, von einem Stück Holz können keine Gefahren ausgehen.
Meine Katzenjungs haben wiederum meine Arbeit überwacht und dafür gesorgt, dass ich regelmäßige Pausen einlege.
Vielen Dank auch meinen Geistern, meiner spirituellen Lehrerin und den Geistern des alten Hauses, in dem wir leben.
Okay, jetzt ist ein Gläschen Absinth für Euch fällig.

Nachwort

Du musst nicht alle Ratschläge so ausführen, wie sie von mir beschrieben wurden. Du kannst und solltest deine eigenen Ideen verwirklichen und experimentieren. Nur die Regeln sollten stets befolgt werden!
Und natürlich sollte uns bei der ernsthaften Auseinandersetzung mit den Geistern und mit uns selbst nicht unser Sinn für Humor abhanden kommen. Mit Humor geht vieles besser, auch die Arbeit an und mit dem Ouija Brett.
Manche Leute behaupten, das Ouija Brett wäre etwas Gefährliches oder ein "Werk des Teufels". Dazu folgendes Statement von Black Raven ("Cabin Fever" im Internet):
"Ouija Bretter sind kein Werkzeug des Teufels. ... Wenn Satan wirklich existiert, hat er mit Sicherheit Besseres zu tun, als auf deinem Board herumzuhängen."

Mit diesem Schlusssatz wünsche ich dir nun viel Spaß und Erfolg mit deinem Ouija Brett.

Tagebuchvorlage:

Mond in:	Mondstand:	Wochentag:	Datum:	Uhrzeit:
Ort der Séance:				
Anwesende Personen:				
Hilfsmittel (Recorder, Musik etc.):				
Verwendete Ritualgegenstände:				
Verwendete Fotos, Briefe und Gegenstände:				
Anwesender Schutzgeist und / oder Amulett:				
Kreis gezogen:				
Anrufung:				
Schreibzeug (Stifte, Papier etc.):				
Wetter (zum Zeitpunkt der Séance):				
Fragenkatalog:				
Eventuell. Störungen:				
Besondere Vorkommnisse:				
Anwesende Geister:				
Wichtige Botschaften:				
Beendigung:				
Sonstige Bemerkungen:				

PRINZIPIA DISCORDIA
Die TRAUMmaschinen-PLÄNE
DROGENFREIE VISIONEN!
Reisen in das innere deines Selbst
und andere Phantastische Bereiche
JENSEITS von RAUM & ZEIT!
Die VIRTUELLE Mechanik der ZAUBEREI
Die Aktualisierung unsichtbarer Formen in der okkulten Arbeit
von Stephen Mace
Bohmeier Verlag ...damit Sie erleben, worüber Sie sonst nur lesen!
Bestellen Sie unseren kostenlosen Gesamtkatalog unter...
Fon: 0700-62 44 25 78
Ängste erfolgreich besiegen
Aktuellste Informationen im Internet: www.magick-pur.de
oder per Mail: info@magick-pur.de
Am Anfang war die Apokalypse
Walter-Jörg Langbein
Raumfahrzeuge der Zukunft
Ausserirdische Technologie
Auf den Spuren der interstellaren Raumfahrt
Bohmeier Verlag
Sie kamen aus der Zukunft
Das Geheimnis der alten Propheten
von Roland M. Horn
Bohmeier Verlag
Begleiter aus dem Universum
von Lars A. Fischinger
Erinnerungen an Atlantis
Fachbücher für Magie und...
Vorstoß zu den Göttern der Vorzeit
- Das OMIKRON-Projekt -
Geheimagenten aus der Zukunft?
Eine Verschwörung wirkt sich rückwärts aus
von Roland M. Horn
Bohmeier Verlag
RÄTSELHAFTE & PHANTASTISCHE Formen des Lebens
GEHEIMPROJEKT MIKROKOSMOS
Bohmeier Verlag
Geheime Invasion - Die Masken der Fremden
...Alternative Weltsichten